# ラクする台所

毎日毎日ご飯を作る、8人の台所にまつわる物語

一田憲子 Noriko Ichida



マイナビ

# はじめに

料理が好きということと、
毎日毎日ご飯を作り続けるということは、
少し違うような気がしています。
忙しくて時間がなかったり、疲れていたり。
そんな日でも、家族と自分のためにご飯を作る。
毎日毎日……。

それが、家庭でのご飯づくりです。
よく雑誌で紹介されている（私もたくさん紹介してきました）
キッチンはとても素敵で、
作られた料理は丁寧で、食卓は豊かです。
でも、それを毎日続けるなんてとても無理！
今日も明日も明後日も

機嫌がいい日も悪い日も
絶好調の日も体調が悪い日も
毎日のご飯づくりは「ラク」でないと続けられません。
ラクすることは決して悪いことじゃない。
ラクすると、おいしいものが作れないわけじゃない……。

ものひとつ出ていないシンプルなキッチンはきれいだけれど、
毎日使うものは、すぐ取れる場所に出しっぱなしがいいなあ。
スタイリッシュな鍋もかっこいいけれど、
大根の煮物を作るのは、やっぱり
軽くてすぐ火が通るアルミ鍋がいいなあ。
生活感満載でも、多少ごちゃついていても、
そこに並んでいる調理道具を眺めているだけで、
グツグツと煮物の音がしてくる……。
そんな毎日のご飯づくりに寄り添っている台所は
生き生きと輝いて見えるのだと思います。

おいしい＝手間をかける
ではないということもわかってきました。
フランパンでジュッと焦げ目をつけただけの
焼きキャベツは絶品だし、
たたいたゴボウを素揚げしてぱらりと塩をふっただけでおいしい！

嬉しいことや、悲しいことや、悔しいことなど、
日々いろんなことが起こるけれど、
家に帰れば、ご飯がある。
それっていちばん確かだなあと
50歳を過ぎて思うようになりました。
ラクする台所づくりは、
ご機嫌に「おいしいね」と食卓を囲むための、
決して揺るがない幸せを手に入れるための、
暮らしの土台づくりだと思うのです。

目次

※掲載されている情報は、取材当時（２０１６年）のものです。
※掲載されている商品は、すべて私物であり、どこで購入したかを記載しているものでも、現在は手に入らない場合があります。

# お茶漬けさえあれば安心

中西家の定番料理のひとつがお茶漬け。たっぷりのほうじ茶を用意して、片口に入れたものをひとり1個ずつ用意。好きな具をのせて、お茶を継ぎ足し継ぎ足ししていただく。

家には常に〝ご飯の友〟を常備。塩鮭は買ってきたらすべて焼いて、ふたつきシャーレに入れておく。漬物各種と、ねりわさび、ごま、梅干しなどを小皿でこまごま並べると楽しげ。

## 中西なちおさん

高知県生まれ。旅するレストラン「トラネコボンボン」料理人。世界各地を旅して歩き、その後沖縄で暮らす。東京に引っ越し、個展やイベントで料理を作る。東日本大震災後、何かできることをと、ブログ「記憶のモンプチ」で毎日1枚動物の絵を描いて更新中。

ホームセンターで買ってきた厚い板3枚を脚の上にのせてテーブルに。「サラリーマン時代には三ツ星レストランも行ったけれど、おいしさってそういうものじゃないって、僕はなちおに教えてもらいました」とご主人のヨッシー（義明）さん。

自分たちで作ったキッチンは、簡素だけれど使いやすい。アジアで買ってきたせいろや鍋、調理道具など、使う道具がキッチンの表情を作る。普段はこのグリーンにペイントしたテーブルでご飯を。

「うちの定番料理はお茶漬けかなあ」

そう聞いて「え〜っ!」と拍子が抜けました。洋服の展示会や、陶芸家の個展でケータリングに来ている中西さんの料理は、いつもみずみずしい野菜の色が美しく、時にはアジアの香りがしたり、時にはしっとり和風の煮物だったり。食べると、しみじみおいしくて、「あ〜、また、なちおちゃんの料理が食べたい」と思います。そんな華やかな場で、ずらりと並んだお皿を目にしていたからでしょうか。勝手に日々のご飯でも、こまごまいろんなおかずを作って食べていらっしゃるのかなあと想像していたのです。なのに、いちばん好きな定番料理が、お茶漬けだなんて!

ご自宅は、元新聞の配達所。床を張り、壁をペイントし、自分たちで改装したそうです。既存のキッチンを取り外し、インターネットで業務用のシンクや調理台を注文して組み込みました。作業台にもなるテーブルは、足場板を組み合わせてグリーンにペイントし、棚にのせたもの。その他、茶碗やカップをずらりと一列に並べた棚も、シンク横の壁の凹みを利用して、鍋やボウル、調味料などを、すぐ取れるようにしまっておく棚も、夫の義明さんが作ってくれたものです。すべてが手作りだからこそ、使いたい場所の近くに、使いたいものがあり、このキッチンで、ケータリング100人分! という準備をするときにも、サクサク準備が進むのだとか。

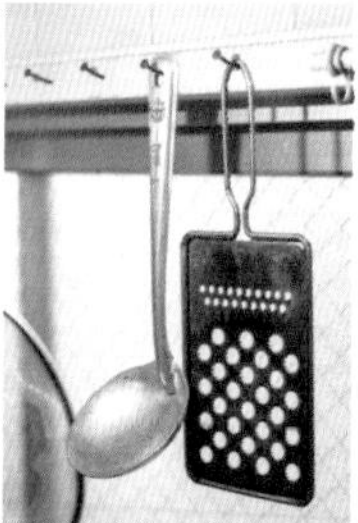

上は、食器棚の側面ぴったりに作った棚。茶碗が一列に並ぶほど浅いが、浅いからこそ、必要なものがすぐ取れる。引き出しの中は、小さなパン型で仕切ってカトラリーをしまう。窓枠に釘を打っておき、いろんな道具を〝ちょい置き〟したり、乾かしたり。

よく見ると、シンク前の窓枠には、ずらりと釘が打ちつけてあります。「忙しいときには、ここに、鍋やらレードルやら、いろんなものがかけっぱなし。作ることに一生懸命で、すぐはしまえないから」と笑う中西さん。

この釘は、普段の毎日でもなかなかの働き者です。水気が切れにくいざるや、乾きにくい木の道具は、ここに吊るしておき、完全に乾かしてからしまいます。使い終わって洗ったおろし金やミルクパンなどを〝ちょい置き〟しておくにも便利。

こんなふうに、私は誰かのキッチンを訪ねると、隅々までジロジロ眺めるのが大好きです。釘1本から、鍋1個から、保存瓶ひとつから、その人が料理をする姿が見えてくる……。ここに流れる日々に想いを馳せ、そして、その人の人生を考えてみる。キッチンは、食に、そして命に直結している場所だからこそ、その人が大切にしているものを雄弁に語ってくれる場だと思います。

## その時々で作る料理がクルクル変わる

てっきり若い頃から料理のプロを目指していたのかと思いきや、高校時代は絵描きになりたいと思っていたそうです。在学中から、少しずつ絵の仕事を始めていましたが、「ク

上・シンクの横の壁の凹みを利用してヨッシーさんが棚を作ってくれた。賃貸なので、まずは両脇に板をはめ込み、そこに棚板を取り付ければ、壁を傷つけることなし。
下・乾物や調味料の保存には、「KINTO」のガラスシャーレを使用。プラスチックと違って、洗うとすっきりきれいになるのがいいところ。すべて直径が同じなので、ふたと本体の組み合わせ自在。

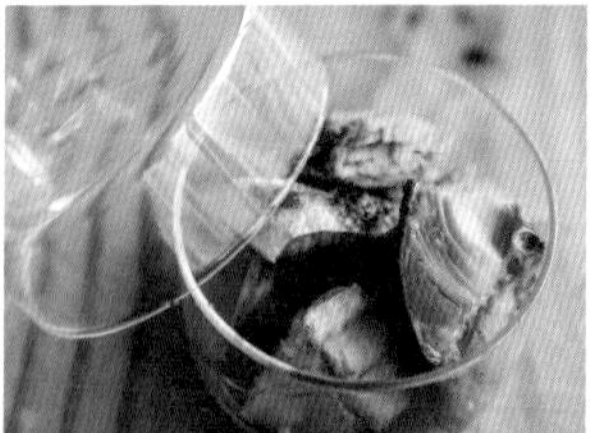

ライアントの希望に合わせて描くという器用なことが私にはできなくて」と諦めたそう。それを「絵をなくしたら、私は何になったらいいんだろう？　とわからなくなりました。そのアルバイトの見つけたくて、アルバイトをしながら、アジアの国々を旅するように。そのアルバイトのひとつが料理です。レストランの厨房で働いたりしていましたね。『今できることをやっていこう』と思っているうちに、料理の仕事がだんだん多くなりました。自分にできる、唯一のことが料理だったんです」

こうして、旅するレストラン「トラネコボンボン」が生まれたというわけ。「どうしてトラネコボンボン？」と尋ねてみると、幼い頃から動物が大好きで、ケータリングをするときに、その都度いろんな動物の名前をつけていたそうです。その中のひとつが「トラネコボンボン」。中西さんのホームページには、こんなふうに説明が書かれています。

「トラネコボンボンは旅するレストランです。開店場所は決まっていません。乾物と野菜を中心に、季節や場所に合わせていろんな国の料理店に変わります。素敵な洋食屋さん、サーカスの売店、市場のお菓子売り、アフリカ料理店、アジアの屋台、街角のサンドイッチ屋、ロシアの列車の食堂車。旅に出かけた気分で楽しんでもらえたらと思っています」

なんて、魅力的な紹介文でしょう！　料理を食べに出かけること＝絵本の中へ旅することのよう！　どうやら、「その時々で、クルクル変わる」というのが、中西さんのおいしさの特徴のよう。

買い物に行かなくても、乾麺と乾物さえあれば夕食の用意ができる。これは、台湾で食べて病みつきになったという「ビャンビャン麺」。中国西安地方で食べられている和え麺。鍋1個で、麺を茹で、調味料、野菜を加えるだけでできあがり。

**◎ペロッコうどん（幅広麺）のビャンビャン麺**（1人前）

ペロッコうどん（なければなるべく幅広い麺）90g
青菜少々
小ネギ、香菜各適量
ごま油・自家製辣油・八方だし・酢各小さじ2程度
ガンラー粉（唐辛子と花椒の煎ったもの）・しょうゆ各適量

幅広の乾麺をたっぷりのお湯で茹で上げたところに茹でた青菜、油と調味料、薬味を混ぜ込むだけ。

## 実は食べられるものが少ない

「私ね、料理にみりんもお酒も使わないんですよ」と聞いてびっくり！

「幼い頃から、とにかく甘い味が大の苦手で。実家の料理もちっとも好きではありませんでした。甘い煮物はぜんぜんダメ。ハンバーグだったら、ケチャップがかかっていたらもうダメ。『わさびじょうゆをちょうだい』っていう好き嫌いが激しい子でしたね」と笑います。

肉も苦手で、食べられるのは野菜と乾物と少しの魚。ひとり暮らしを始めた頃によく作っていたのは、肉じゃがではなくて、肉も砂糖も入れず、玉ねぎで甘みを出した「オニじゃが」！

「ストライクゾーンが狭いのに、どうしてみんなが喜んでくれる料理が作れるの？」と聞かずにはいられませんでした。すると、「万人に好かれなくても、私のこの味が好きで来てくれるお客様が少しだけでもいてくれたら、それでいいと思っているんです。若いうちは、いろいろ言われて、『え〜？　じゃあ、砂糖入れてみる？』ってふらついたときもあったけれど、今は、私はこれが大事って思っていることをやっていけば、きっと誰かがわかってくれると思っています。ストライクゾーンが狭いことが、私の個性。みんな同じ味じゃつまらないじゃないですか。やっぱりその人となりが見えるものがおいしいし、面白いでしょう？」

まっすぐで、正直……。きっとこれこそ、中西さんのおいしさの素に違いない、と思ったのでした。

## 誰かのために自分でできる料理を作りたい

それでも「料理のバリエーションのことで、悩んだことはない」と中西さん。世界は広くて、その料理は一生かけても追いきれないし、日本には春夏秋冬があって、使いきれないほどの食材の種類があります。どこかの国で「わあ～、おいしい」という料理に出会ったり、たまたまその食材を使って料理をしてみて、「お～、これは旨い！」と嬉しくなったり。そんな「瞬間」に、新たな料理が生まれます。おいしい瞬間を捕まえては、お皿に盛りつける……。だから、中西さんはほとんどレシピを記録しません。

「『あのとき食べたあの料理、すごくおいしかったです！』と言われても、ぜんぜん覚えていなかったりするんです（笑）。うちで食べるものもそう。ヨッシーさん（義明さんのこと）が、『出会ったとき、よく玄米リゾット作ってくれたのに、この頃ぜんぜん作らな

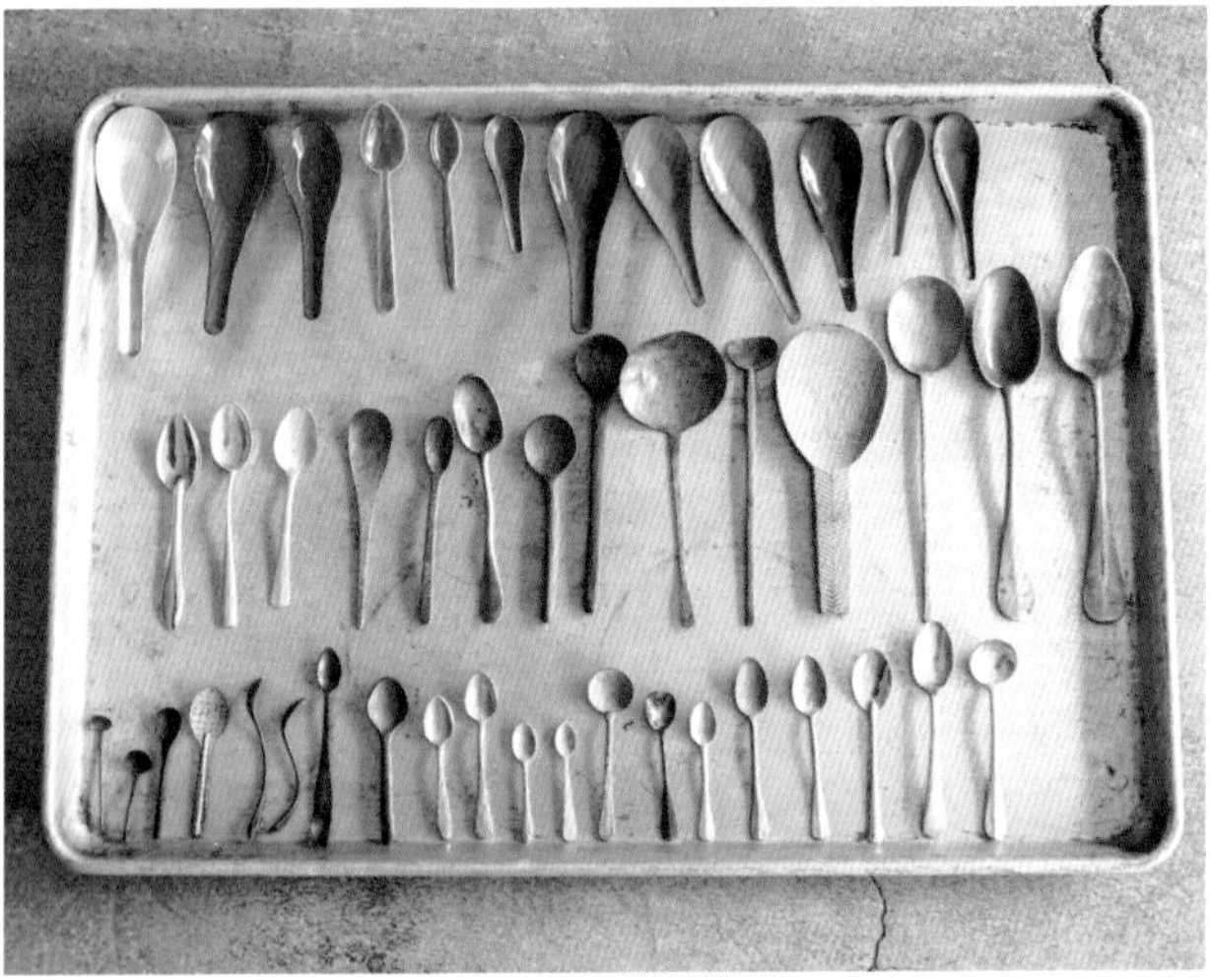

上・ケータリングなどでよく使うので、小さなスプーンやレンゲを集めている。自宅でのご飯でも、ソースに添えたりと大活躍。
右・古道具屋さんで見つけた漆用の刷毛は薄手なので、何かを焼いてそっとひっくり返すときに便利。食卓には、ホーローのお椀によく使う木のカトラリーを立てて。

いね』って言っても『なんだったっけそれ？』っていう感じ（笑）。私の料理って、本当に思いつきなんですよね」

結婚してよかったのは、自分では選ばない食材を使うようになったこと。スーパーに出かけて、ヨッシーさんが選んだ食材を、イマイチ気が進まないまま料理してみると、「やっほ〜というおいしさになるときがあるんです」と笑います。

誰かのために料理をするときには、「昨日何を食べた？」「それで今日はどんな気分？」と細やかに質問します。

「その人が、そのとき食べたいものが、いちばんおいしいと思うんです」

好き嫌いが激しくて、自分の好きなものしか作らないこと。誰かが食べたいと思っているものを作ること……。一見正反対に思えますが、自然にそれはひとつに重なっていきます。

誰かに喜んでもらいたい、と思ったとき、できるのは自分の中にあることだけ。自分の力以外のことにトライしても、それでは、誰も幸せにできないのだと思います。どんなにできることが少なくても、その中で精一杯相手を思えば、ちっぽけな力でも相手を笑顔にすることができる……。料理の話を聞きながら、そんなことを考えました。

東日本大震災の後、中西さんは被災した友人のために、1日1枚動物の絵を描いては、ホームページにアップするようになりました。「私にできるのは、続けることだけだから」

これじゃなきゃ、と決めているのが綿麻のふきん。兵庫県にある専門店で最低2千枚という単位で買わないといけないのだとか。いろんな人と分け合って購入。ただ、最近素材が変わってしまい、ストックがなくなったら、新たなものを探す予定。

と語ります。集めている段ボールや包装紙などの紙に、ネコやクジャクやラクダやヒョウを。最近では、「記憶のモンプチ」と名付けたこのシリーズで、諦めたはずだった絵の展示会も開くようになりました。誰かのことを思って、自分ができることをする。もしかして、中西さんにとって絵も料理も同じことだったのかもしれません。

## お茶漬けがご馳走

「じゃあ、お茶漬けでも食べますか」

そう言って、準備を始めた食卓を見て、「へ〜っ!」とうらやましくなりました。塩鮭や梅干し、唐辛子のしょうゆ漬け、山椒の塩茹で、奈良漬け、高菜……。〝ご飯のお供〟

が小皿でずらりと並んだ様子のおいしそうなこと！　無農薬のほうじ茶を水と一緒に鍋に入れてゆっくり煮出し、ひとり分ずつ片口にたっぷり入れておきます。ご飯にいろいろな具をのせながら、お茶を継ぎ足し継ぎ足し食べるのがいつもの方法。

「私は、味が混ざらないように、最初は山椒でさっぱりと、次に高菜を……と少しずつおかずをのせるんですが、ヨッシーさんは、必ず最初から全部のっけ、なんですよ」と楽しそう。

「いつも、もっとご馳走を食べているのかと思ってました」と言うと、「え？」と不思議そうな顔。「私たちには、これがご馳走なんで」と言われて、なるほどと納得しました。

毎日どんなご飯を作るかは、その家庭次第。たくさん品数が並ぶから贅沢なわけじゃないし、簡素でも心満たされればそれでいい。仲良くお茶漬けをする中西さん夫婦を見ていると、早く家に帰ってご飯が炊きたくなりました。

こちらは缶詰と乾物、乾麺さえあればできる一皿。たくさんいただいたスルメを食べる方法として思いついたそう。ぎゅっと凝縮されたスルメの味が、旨味に変わって、後を引くおいしさ。

### ◎スルメとトマト缶のスパゲッティ

（2人前）

スパゲッティ（1・55㎜使用）
180g
スルメ20g
水200cc
トマト缶3分の2缶
ニンニク2片
唐辛子好みで
オリーブオイル・塩・黒胡椒　各適量

スルメは分量の水に30分ほどつけ置き、ひと煮立ちさせてみじん切り。フライパンに潰したニンニクとオリーブオイルを入れてゆっくり加熱する。ニンニクが潰れるほど柔らかくなったらみじん切りにしたスルメを加えて炒め、トマト、スルメの煮汁を加えて煮詰めたら塩、胡椒で味を調える。

# これさえあれば、夕方からの心が軽くなる

**八田智香子さん**

セレクトショップ「シップス」の神戸店勤務を経て、東京本社でレディスの買い付けを担当。その後インポートブランドを扱う八木通商で4年間勤めたのち、前社に戻り「リフラティシップス」を立ち上げる。現在はブランドとの契約を終えて充電期間中。ご主人とふたり暮らし。

酢玉ねぎ。玉ねぎ1個をスライサーで薄くスライスして、白バルサミコビネガーを大さじ2、塩少々を加えて置いておくだけ。サラダや和風の和え物にもアレンジできる。

結婚して神戸から上京。5年間がむしゃらに働き、このマンションを購入した頃から、ちょっと足を止めて転職した。日当たりのいいキッチンで料理をすることが楽しくなってきたのもその頃から。

八田さんのインスタグラムをフォローするようになってから、いつしか、そこにアップされる夕食風景を楽しみにチェックするようになっていました。それは、たとえばこんなふう。「今日は家人がいないので簡単に。あさりとニラのチヂミ。ひじきとにんじんのナムル」とか「豆腐ステーキ、れんこんと豚バラ肉のきんぴら、ミニトマトとナンプラーマリネ。食べたらソファですぐ寝る人、コーヒーの香りと共にむくりと起きます」とか……。

思わずごくりと唾を飲み込み、見入ってしまうのは、どれもが私好みのメニューな上、作り方がなんとなく想像ができ、「真似できそう」と思える簡単おかずが多いからなのかもしれません。さらに、普通の日の普通の夕飯だというのに、その食卓がなんともおしゃれなのです。主菜を盛り付けたのは、白い楕円皿。ひじきは民芸っぽいどっしりした小鉢に。サラダは藍色の六寸に。どちらかといえば、地味めの器のセレクトがかっこよく、大人の夫婦ふたりの食卓の、しみじみと落ち着いた風景が、スマホの向こう側に広がります。

決して豪華ではないけれど、一品一品丁寧に作っているんだろうな。どれも、お気に入りのおかずばかりで、繰り返し作っている味なのだろうな。こんなご飯私も食べたいな……とインスタを見るたびに、なぜかじ〜んと幸せな気持ちになっていたのでした。

よく使う調理道具や調味料などは、すぐ手が届く位置に出しておく。国内外に旅に出るとキッチングッズを買ってくるのが楽しみ。

右・ガス台横には、浅めのバットを利用して、塩、胡椒、計量スプーンや菜箸などの定位置に。

下・シンク下の液体調味料も、バットの上に。液だれしても掃除がしやすい。

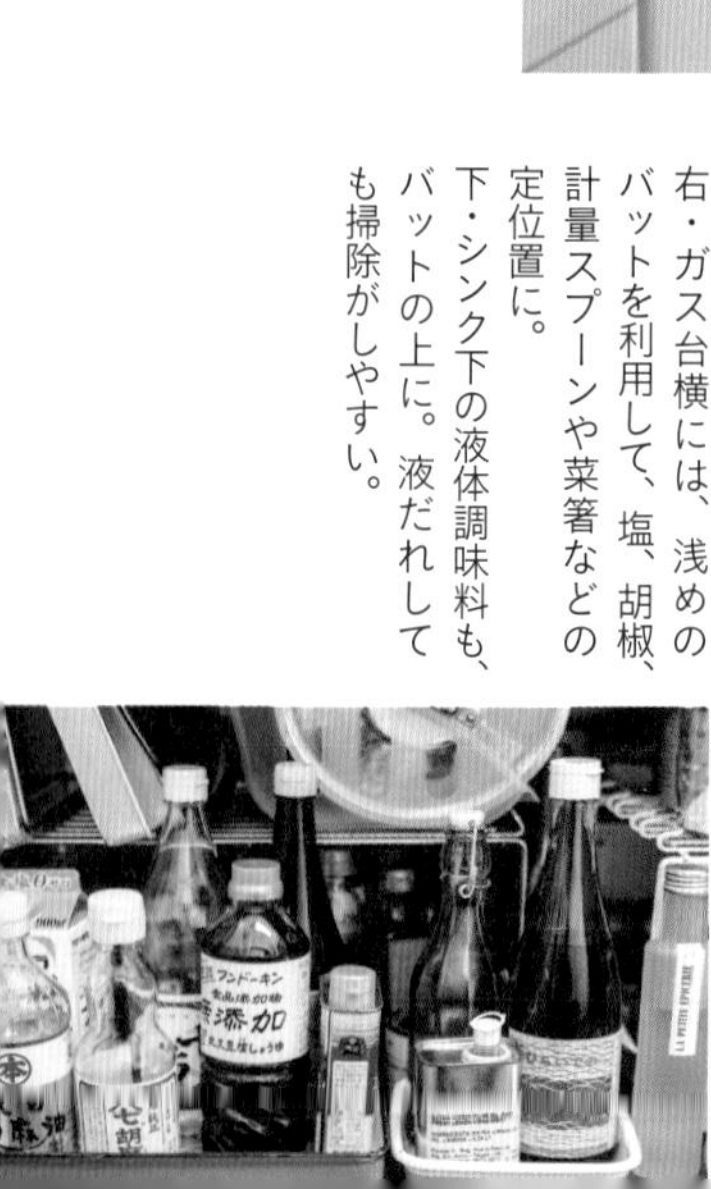

## 仕事に夢中だったあの頃、家でご飯を食べる日なんてほとんどなかった

私と同郷で関西人の八田さん。会うと明るい関西弁で話し出し、その会話の面白いこと！「ねえねえ、この間食べたあれがめっちゃおいしくて‼」と夢中になると、これまた私と同様どんどん声が大きくなります。けれど、常に謙虚で、誰かのことばかりを考えて、その賑やかな優しさに、まだ出会って日が浅い私でさえ、「ああ、なんて温かい人だろう」とほっとするのでした。よく聞いてみると、実は、錚々《そうそう》たるキャリアの持ち主で、神戸のシップスで販売を経験したのち、本社ではバイヤーとして国内外で洋服のバイイングを担当。その後衣料商社に転職し、マッキントッシュなどのインポートブランドのMDを務めていたのだとか。

「ずっと以前からお料理得意だったの？」と聞いてみると「いえいえ、全然！」と大笑い。料理上手なお母様の元で育ち、独身時代は、包丁を握ったこともなかったそうです。結婚しても、仕事が忙しくて帰宅は毎日深夜近く。しかも、商社勤めのご主人も超多忙で平日はほとんど家ではご飯を食べませんでした。

「当時何を作って何を食べていたか、ほとんど記憶がないほど忙しかったですね」

人参のオイル蒸しに塩もみしたカブとツナを加えてオリーブオイルで和え、胡椒をふる。ちょっとボリュームのあるサラダに。このふたつの野菜を合わせると、ツナ缶の意外なおいしさに驚くはず。

## 簡単なのにめっちゃおいしい！
## そんな常備菜は日常の宝物

八田さんの今のご飯づくりになくてはならないのが、常備菜です。とはいえ、準備しておくのはごくごく簡単なもの。スライスした玉ねぎにホワイトバルサミコをかけただけ。人参を「ストウブ」の鍋でやや堅めのオイル蒸しに、といった具合。そのほかひじきを炊いたり、プチトマトのマリネを作っておいたり。実は、私は「常備菜」というものがイマイチ苦手でした。どうしたって作りたての方がおいしいし、その日に食べるものはその日の気分で決めたいから。ところが、取材の日にあれこれおかずをご馳走になると……。ほんのり甘い酢玉ねぎとおじゃこをのせた冷奴のおいしいこと！ 人参のオイル蒸しは、カブとツナで和えると、あれよあれよとすぐ食べ終わってしまうシンプルであとを引く味わいです。「ごちそうさま」とお腹いっぱいで箸を置く頃には、「よーし、今日帰ったら、私も真似して作ろう！」と決めていました。

「たとえば、プチトマトのマリネが中途半端に余ったら、刻んでお揚げの上にのせて、とろけるチーズをかけてトースターで焼けばおつまみになります。ひじきが残ったら、卵焼きにしたりね。思いついたらやってみるんです。失敗したって食べるのは、どうせ主人か

マスタードを加えただけでワインにもよく合う洋風の和え物が完成。もう一品欲しいというときに大助かり。おいしいマスタードを使うのがポイント。八田さんはオーガニックのものをチョイス。

私だけですから」

そんな話を聞いているだけで、なんだか幸せな気持ちになってきます。誰かがその人の日々の営みの中で、コツコツ続けているご飯づくりの小さな工夫を聞くのが、私は大好きです。毎日のことだから、手間や時間をかけるのは無理。だからこそ、「こうしてああして、はいできた！」という手軽さなのに「めっちゃおいしい！」という一品を知ると「うわ〜私も作ってみたい〜！」とウズウズしてくる……。料理本や雑誌の料理ページでは味わえない「生きた共感」がそこにあります。

「常備菜を作るようになってから、気持ちがラクになりましたね。仕事から帰ったら、肉や魚を焼いたり炒めたりして、主菜を作るだけ。だいたい30分もあれば準備できちゃいますから」と八田さん。

## 失いかけたとき、やっと大切なものがわかる

実はこの常備菜を作り始めたのは3年ほど前から。そのきっかけを聞いて、思わず息を呑みました。八田さんのおいしい食卓の向こう側には、実は辛い体験が繋がっていたこと

酢玉ねぎを冷奴の上にのせると意外なおいしさ。ちりめんじゃこも一緒にトッピングし、しょうゆをかけていただく。夏場におすすめの一皿。

を、今回初めて知りました。

「友人に『絶対行った方がいいよ』と急かされて申し込んだ人間ドックで体の異常が見つかりました。もともと喘息の持病があったので、定期的に病院に通っていたし、悪いところなんてないはず、と思っていたんです。〝青天の霹靂〟って、こういうことを言うんですね」

2か月間仕事を休み手術を受け、その後は時短勤務にしてもらって仕事を再開。これを機に食に対する意識が変わったのだといいます。

「もっと野菜をたくさんとった方がいいなと、バランスに注意し、自分の手を動かして作るようになりました。でも、何より変わったのは主人が早く帰ってきて

酢玉ねぎの上にかつお節をかけ、オリーブオイル、しょうゆ、パルメザンチーズをかける。和と洋が溶け合ったおいしさ。

冷蔵庫の中には、いつも2〜3品の常備菜をストックしている。仕事がある日は、帰宅して30分ぐらいで夕食の準備を。

右・「ストウブ」などの重い鍋は、このパンラックで見せる収納に。
左・ダイニングとの間のカウンター上には、紅茶やコーヒー豆などティータイムグッズを。コーヒー豆を入れたのは、ガラス作家・ピーターアイビーさん作の保存容器。

くれるようになったことかな。仕事が忙しい上に、飲むのが何より好き、という人なので、以前は会社帰りに飲んで帰ってきていたのが、8時半か9時ぐらいには帰宅するようになりましたから。私の病気がよっぽどショックだったんだと思います」

我が家では、連れ合いが飲み会などでご飯がいらない日の夕食は大抵パスタになってしまいます。一皿で野菜も炭水化物もとれて簡単だから。あれこれこまごまおかずを作るのは、やっぱり「おいしいね」と食べてくれる相手がいるから。八田さんが、常備菜を準備し、日々の夕食を大事にするようになったのは、自分の体のためであると同時に、早く帰ってきてくれるようになったご主人のため。台所仕事を楽しくする力は、一緒に食卓を囲む相手から与えてもらっているのかもしれません。

## 仕事とご飯と日々の幸せと

それでも、仕事を辞めるという選択肢はなかったの？　と聞くと「全然」と八田さん。「おしゃれ」も「食」も、「仕事」も「暮らし」もどちらもなくてはならないもの。

食いしん坊な八田さんの元には、いつも「おいしい情報」が集まってきます。「この『ラ・モリサーナ』のパスタ、アマゾンで買えるんですけど、安くて最高においしいんで

「ここのが絶対おいしいんです!」と八田さんが教えてくれたのが、1kg入りを買うという「ラ・モリサーナ」のパスタと、「ラ プティット エピスリー」の白バルサミコ。

す」「白バルサミコは、『ラ プティット エピスリー』が最高！」などなど。それは、「『チマラ』のパンツはやっぱりシルエットが抜群！」とか「『エバゴス』の新作バッグには、毎年ドキドキするんです」といったおしゃれのワクワクとまるで同じ。

「キャリアを積んでバリバリ仕事をするぞ、っていう意識はないんです。若い頃は、売上を作ったり、どこよりも早くいいブランドを仕入れたりと、『負けたくない』という気持ちが強かったんですが、今はまったくそんな気持ちはないですね。他社と同じブランドを手がけていても、選ぶ人が違えば、必ず違う世界観になる。だったら『ま、いいか』と思えるようになりました。私はただ洋服が好きなだけ。わ〜、あのジャケットかっこいい〜！ って新たな刺激をもらえればそれだけでいいんです」

今は火・水・金曜の、週に3回出勤。早ければ夜の8時頃、遅いと9時すぎに帰宅します。夕飯の準備をしたら、先に食べ、ご主人の分は作って置いておくそう。そして月・木曜の休みの日に常備菜を4日分ぐらいまとめて作っておきます。今はこれが、おいしく食べ、楽しく仕事をするベストバランス。

仕事を持っている人は、つい「もっともっと」とやりがいを求めがちです。でも、「幸せって本当にそこにある？」と教えてくれるのが、日々のご飯づくりの手間なのかもしれません。

東京郊外のマンションにご主人とふたり暮らし。リビングダイニングには北欧家具が並ぶ。いつも夕食には、4品以上のおかずを。品数と同じ枚数だけ取り皿を使うのが八田さん流。

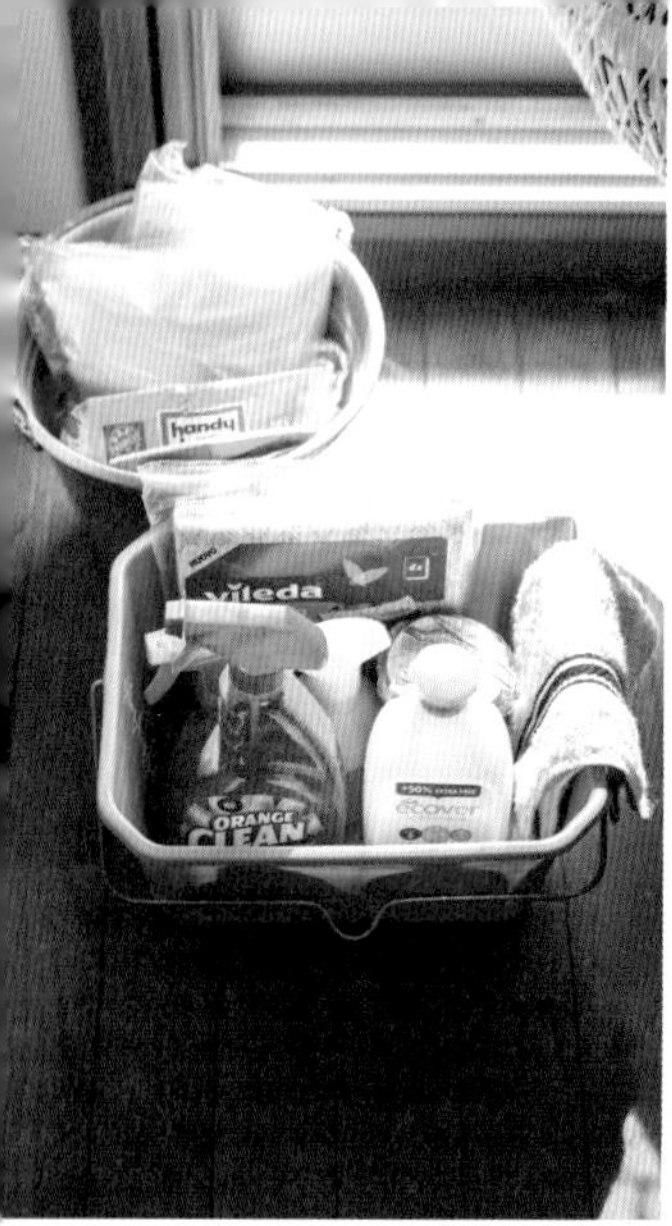

右・毎日使う飯碗や汁椀などは、食器棚にしまわず、右のかごに。左のかごはお菓子入れ。
左・洗剤やクリーナー、スポンジ、雑巾などの掃除グッズはバケツにひとまとめに。

右・収集癖があるという八田さん。海外に行くと必ずスーパーに立ち寄って、国ごとに違うジッパー付き保存袋をゲットしてくる。

左・エコバッグはすべてパリのスーパーマーケット「モノポリー」のもの。「かわいいから、つい色違いで欲しくなるんです」。

# みんなのフライパン

焼いたり、炒めたり。時短料理で出番が多いのがフライパンです。素材、サイズ、重さ、握りやすさなど、何を優先させるかが選ぶポイント。

## 中里真理子さん

ドイツの鉄のクラシックフライパン「ターク」を愛用。熱伝導がよく保温性がいいので、野菜でも肉でも、食材の持ち味を引き出してくれる。

## 香菜子さん

鉄製も持っているが、普段よく使うのが「イケア」で買ったフライパン。テフロン加工だが、厚みがあってこんがりおいしく仕上がる。

## 八田智香子さん

「ティファール」のフライパンは、黄色い色がお気に入り。料理をカリッと焼き上げるセラミックコーティングになっている。

## 在本彌生さん

「ターク」のグリルパン。両手鍋なので、肉を焼いたりパエリアを作ったら、このまま食卓に出せるのがいいところ。

## 手塚千聡さん

「イトーヨーカドー」が販売する「チョイスシリーズ」のフライパン。持ち手がはずれるので収納しやすい。リーズナブルなのもいい。

## 中西なちおさん

「錦見鋳造」の「魔法のフライパン」は、板厚が1.5ミリ。軽くて女性でもふりやすい。現在納品まで3年待ちという人気の品。

たかはしよしこさん

上の鉄のフライパンは、15年以上前に買ったもの。肉を焼くときはこれ。下は家具デザイナー・小泉誠さんのデザイン。小さめなので子供用の料理に最適。

福島寿子さん

鉄の作家・成田理俊さん作の両手鍋。鉄製なのに焦げることもなく軽いのがいいところ。家族4人分の目玉焼きなどを作ったらそのまま食卓へ。

# かけて、つけて、和えるだけでおいしい!

**たかはしよしこさん**

料理家。生産者と食べる人との架け橋になることをモットーに、季節を追いかけながら料理する。「エジプト塩」をはじめとするさまざまな調味料の開発・製造も手がける。2020年の春に北海道美瑛町へ移住。2021年夏に「SSAW_BIEI」としてレストランをオープン。東京の「エジプト塩食堂」も営業中。
http://s-s-a-w.com/
https://egyptjio.stores.jp/

たかはしさんが冷蔵庫にストックしている「おいしさの素」。右は、昆布としいたけといりこで水出しした出汁。その他季節の野菜やフルーツを取り入れたドレッシングや、野菜でも肉や魚でも合うディップなど。

レンジ横の引き出しには、空き瓶に移し替えたスパイス類がぎっしり。マスキングテープに中身を書いて貼っておけば、上から見て一目瞭然だし、はがして付け替えるのも簡単。左・コの字型の動きやすいキッチン。壁は自分たちでブルーにペイントした。正面の壁に貼っているのは、夫の前田景さんがS/S/A/Wのカレンダー用に撮影しデザインしてくれたという、野菜の写真。窓辺には植物を欠かさない。

「よしこちゃんが作った〝エジプト塩〟って知ってる？」
あちこちからそんな声が聞こえるようになったのは、3年前のことでした。不思議な名前に興味津々。やっと手に入れてみると、どうやら、エジプトから取り寄せたのではないらしい、たかはしさんが、天然塩にナッツやスパイスなどをザクザク入れてブレンドして作ったオリジナルらしい、ということがわかってきました。「サラダにふりかけるだけでおいしいよ」と聞いていたので、さっそくやってみるとびっくり。ただのリーフサラダが異国の香りに包まれて、絶品おかずに大変身するんですから！　以来、サラダだけでなく、焼いただけの豚肉に、白身

たかはしよしこさん

魚にふりかけてホイル焼きにと、我が家の食卓に「エジプト塩レシピ」がたくさん生まれました。
　ちょうどその頃、たかはしさんがひとり娘・季乃ちゃんを産んだと聞いたのです。久しぶりに会ったのは、季乃ちゃんがまだ3か月ぐらいのときでした。「抱っこしていないと泣くから大変。ご飯づくりはもちろん、メールチェックさえできなくなっちゃって」と、たかはしさん。
　初めての子育ては想像以上に大変だったよう。そんなときに、威力を発揮したのがやっぱりエジプト塩！　そのほかにも冷蔵庫にストックしているドレッシングやタレ、ディップなど「おいしさの素」が、ピンチの日々を助けてくれたのだといいます。

右ページ上・吊り戸棚の上には、右側に粉類、米類、乾物などを密閉容器に移し替えて保存。ここも中身を明記して遠目でもわかりやすく。左側は家族の普段使いの器を収納。

左・「これがいちばんの自慢です」とたかはしさん。シンク下の引き出しにゴミ箱をイン。シンクで出たゴミを直行させることができる。

# 冷蔵庫の中には、魔法の小瓶がどっさり！

「チェブラーシカ、見たい〜！」

今年2歳になった季乃ちゃんが、大好きなアニメのDVDをねだって飛び跳ねるのをなだめながら、キッチンに立つたかはしさん。「今日は、ホロッホーを作りま〜す！」。それなあに？と聞くと、「カリフラワーやカブなどを、厚手の鍋でオイル蒸しにしたもの。食べると口の中でホロッと崩れるから、夫とホロッホーって名付けたんです」と笑いながら教えてくれました。

そのネーミングの上手いこと！　エジプト塩シリーズも「モロッコ胡椒」に

たかはしよしこさん

自身が考案した調味料、「エジプト塩」や「富山コンカリー」「モロッコ胡椒」なども毎日のごはん作りに欠かせない。

「アルル塩」などなど。自宅のおかずの数々にもクスッと笑っちゃう名前がついています。そこには、一皿一皿に愛着を持って向き合う心が宿っているよう。

「ホロッホー」が完成する頃、冷蔵庫を開けて小さな瓶を取り出しました。中身はピスタチオのディップ。熱々の〝ホロッホー〟にからめながらいただくと、なんとも奥深い味わいです。こんなふうに、たかはし家のご飯はいつも、冷蔵庫の中の〝魔法の小瓶〟とセットになっています。

ピンク色の小瓶は、「乙女ドレッシング」。いちご8個ほどと、玉ねぎ、酢、オイルを混ぜて作ります。普通のグリーンサラダにかけるだけで、キュンと甘酸っぱい乙女サラダに変身。いちごをみかんにかえれば、「みかんドレッシング」に。人参の千切りにこれをふりかけるだけで、絶品のキャロットラペが完成です。時間があるときに作りためた「おいしさの素」さえあれば、冷蔵庫を開けるだけで、次々に一品、二品とおかずを食卓に並べることができる……。その安心感は、仕事や家事や子育てと、時間に追われる毎日に、どっしりとした根っこを張ってくれます。

## いつも動くのは風の吹く方へ

料理家なんだけれど、普通の料理家とはちょっと違う……。レストラン店主でもない。たかはしさんが何者なのかを説明するのは、難しいのです。私が初めて会ったのは、『暮らしのおへそ』の2号目で、樋口可南子さんの撮影時、ケータリングをお願いしたのがきっかけでした。スタジオに鍋とカセットコンロまで持ち込んで、天城軍鶏と九条ネギのスープを「これね、おいしいんですよ」と目をキラキラさせてつぎ分けてくれた姿に、なんてピュアな人だろう、とギュッと心を掴まれたことを覚えています。

「食べる相手が見えないと、料理が作れないんです。だから雑誌や本に掲載するために作るのは苦手で」とたかはしさん。

右・ガス台横には、炒め物などにすぐ使えるように、各種塩をスタンバイさせて。左・シンクのすぐ上には、S字フックでよく使うざる類を。その上にはボウルやお弁当箱などを。

今は、スタッフ2名とともに、フードアトリエ「S/S/A/W」を主宰。ここでケータリングの準備をしたり、スタッフたちがエジプト塩の製造をしたり。さらに1か月に1度は「エジプト塩食堂」をオープンします。実は、このアトリエを持ったのはたまたまだったそう。

「知り合いが、ここでワインバーを営んでいたんですが移転することになって。『空くから使わない？』と誘ってくれたのがきっかけでした」

こんなふうにどこに向かってどう歩き出すかは、いつも風向き次第。もともとは、インテリアの世界で働きたくて上京。憧れのお店で働き始めたものふとしたきっかけで料理の道へと転身。アパレルブランド

ガス台まわりは、S字フックでフライパンやキッチンペーパーを吊るし、菜箸やレードル類は立てて。「使う場所に使うもの」が基本。

冷蔵庫にストックしているもの。右からたらのパテ、行者ニンニクのしょうゆ漬け、台湾風レバーペースト、切り干し大根をオリーブオイルとにんにくで炒めてトマト缶を加えて煮込んだ切り干し大根のアラビアータ、ネギのみじん切りを太白ごま油漬けにしたものなど。

「45prm」の社員食堂の立ち上げに加わり、ケータリングユニットを経て独立。「料理家になりたいと思っていたわけでも、お店をやりたいと思っていたわけでもないんです。気分が乗る方向へ流れていったら、今ここにたどり着いただけ」とひょうひょうと語ります。

## 「できない」と言ってみたら、夫が手伝ってくれるように

暮らしのリズムが少し変わったのが結婚してから。夫はアートディレクターの前田景さん。たかはしさんの「S/S/A/W」ではクリエイティブディレクターとしてパッケージデザインなどを手がけています。

「夫はきっちり、私はおおらか、と性格がちょっと違う（笑）。彼はとにかく食べることが大好きで、適当に食事する、ということがないんですよね。毎日ちゃんと作ったご飯を食べたい。外食するなら、『あそこのアレを食べに行こう』ときちんと決めて出かける。『お腹すいたから、駅前のあの店で、さっと食べようか』みたいな適当なことがないんです。私はそんな彼の感性に、大きな刺激をもらいました。でも、毎日毎日気を抜かずにご飯を

葉もの野菜ときんかんの輪切りをみかんドレッシングで和えて。フルーティな香りとほのかな酸味でいつものサラダがぐっとご馳走に。

カブやカリフラワー、
里芋など白でまとめた
野菜をオイル蒸しに。
ピスタチオのディップを
からめながらいただく。

## ◎みかんドレッシング

みかん3個
好みの油100cc
白ワインビネガー80cc
レモン汁½個分
砂糖大さじ1
塩小さじ1

材料をすべて混ぜてフードプロセッサーにかける。

仕事でも、自宅でもキッチンに立って、「これとあれを組み合わせたらおいしいかも!」と工夫を凝らすことが何より好き。

## ◎ピスタチオのディップ

ピスタチオ100g
トマト1個
にんにく1片
オリーブオイル100cc
レモン汁1個分
香菜6枝分
ケッパーの実30g

材料をすべて混ぜてフードプロセッサーにかける。

季乃ちゃんのおやつは、甘さ控えめで、カルダモンを効かせた牛乳プリン。

作り続けることが、時には少ししんどくて……」

ようやく「今日はもう無理」と言えるようになったのは、季乃ちゃんを産んでから。

「私は、料理をするのがイヤになる……ということはないんです。でも、体がしんどいときだけは作れなくなっちゃう。どうしても動けなくなったとき、『もうダメだ～』と正直に言ってみました。そうしたら、夫は自分で動いてくれるようになったんです。『じゃあ、僕がこれを作るよ』とか『あれ買って帰るよ』とか。な～んだ、『できない』って言っていいんだと嬉しくなりました」

## 「生きて」いるキッチンづくり

7年前から住み始めたというマンションのキッチンはコの字型で、洗う、切る、煮炊きすると、くるりと回って作業ができる使いやすい形です。ピシッと整然と、というよりは、あっちにざるやほうきが吊るされ、こっちに鍋が積み重ねられて……と道具や野菜やスパイスたちが賑やかにおしゃべりしているような、おおらかな空気がたかはしさんらしさなのかもしれません。でも、よく見てみると、野菜を洗ったら、目の前にぶらさがっているざるを取って水を切り、シンク下の引き出しをさっと開け、セットしたゴミ箱に野菜くずをポイ……とすべてがキッチンでの作業にピタリと寄り添っています。きっと、何度も微調整を繰り返し、使い勝手のよさを、自分の体で感じながら作り上げてきたのだろうなあ。たかはしさんのキッチンは「生きて」いるのです。

今は、アトリエに出勤するのは週5日。夕方には仕事を切り上げ、自宅に戻って夕食の準備を始めます。ご主人が帰るのを待って8時頃からが食事タイム。実は、あちこちの展示会でのケータリングや、フードイベントの出店などに引っ張りだこで、自宅でゆっくり食事できる日なんて、少ないんじゃないかな？　と想像していました。でも、実際に話を聞いてみると、そこには意外なほど規則正しい日常がありました。家族でご飯が食べられないほど仕事は詰め込まないし、仕事の一部はスタッフに任せる……。そんなしくみが自然にできあがってきたのだといいます。出産後、一度は仕事を辞めようかと考えたこともあったそう。

「忙しくて大変なことも多いから、夫は『もう手放せばいいやん』と言うんです。でも、同時に『よっちゃんは本当に料理を作るのが好きだからね。だから続けたいんでしょ？』とも……。そうなんですよね。私ね、どうしたらこの料理がおいしくなるんだろう？　って考えるのが大好きなんです」

ドレッシングやソースも、ディップも、たかはしさんが作る「おいしさの素」は、あの料理にも、このおかずにもと、使いまわせるのが特徴です。エジプト塩は、人の手から手へと渡って、新たな使い方が生まれていきます。「自分だけの味」として誇るのではなく、「みんなの味」として分け合う……。だからこそ、これほど多くの人に愛される魔法のスパイスとなったに違いありません。そしてそれは、時間がなくても忙しくても、おいしく食べる幸せをみんなに教えてくれているようでもありました。

ある日の食卓。ワイン好きの景さんだが、体を壊したことから平日は飲まずにメインは炭水化物の献立に。この日は鎌倉の「邦栄堂製麺」の麺を使って台湾風のレバーペーストを混ぜた和え麺が主役。

# 料理はいつも鍋任せ。どこかで見た料理をその日の気分でアレンジ

右は直径16cmの「ストウブ ピコ・ココット ラウンド」。これでご飯も炊いている。左はドイツの鍛冶職人がひとつひとつ仕上げるという「ターク」の鉄製のグリルパン。

# 在本彌生さん

フォトグラファー。客室乗務員として10年以上日本とイタリアの間を行き来する。乗客に勧められたのをきっかけに2000年より写真を撮り始める。2006年より、フリーのフォトグラファーとしての仕事をスタート。2015年に2冊目の写真集『わたしの獣たち』（青幻舎）を発行。

右は「ババグーリ」の銅製の中華鍋。熱伝導がよく、高温で野菜を炒めるのにぴったり。左は三重県伊賀の「土楽窯」を取材で訪ねた際に買ったというポトフ鍋。

仕事で遅くなっても、自宅で作ることが多い。ワインを飲みながら、買ってきた野菜を見ながらその日の気分で料理を。

右・「土楽窯」のポトフ鍋でローストポークを。豚肩ロースの塊肉をドライミント、塩、胡椒で味付けし、オリーブオイルで表面に焼き目をつけたら、ふたをして20分おく。熱しにくく冷めにくい土鍋の特質で、放っておいてもジューシーな仕上がりに。左ページ上・パプリカを入れて少し炒め、ちぢみほうれん草を加えてオイル蒸しに。水から水分が出てスープのようにおいしくなる。レモン塩で味付けを。

初めてフォトグラファーの在本さんのことを知ったのは、料理家・細川亜衣さんの『スープ』という本でした。したたる汁までおいしそうな完熟トマト、湯気の上がる鍋、みずみずしいハーブや葉もの野菜。台所からおいしさが生まれる瞬間を、ライブ感たっぷりに切り取った写真を見て、「この人は、きっと料理が大好きに違いない」と思ったのでした。その後、お仕事をご一緒する機会があり、初めてお会いすると、すらりとした長身で長い髪、晴れやかな笑顔を持つ、とても美しい人でびっくりしたのを覚えています。聞けば、かつては客室乗務員として日本とイタリア間の空を飛んでいたのだとか！

在本彌生さん

銅の中華鍋を煙が出るほど熱し、ざく切りにしたキャベツを炒める。高温でさっと炒めることで、カラッと仕上がる。

「あの風景が素晴らしくて」「あの人って面白いの」。在本さんの会話は、いつも、出会ったモノやコトのエッセンスを、本能的にぎゅっと掴み取ったかのように、新鮮でキラキラしています。まるで、いちばんよく見えるアングルをすばやくキャッチしてシャッターを押すかのように、あれこれ説明を加えずに、本質にズバッと切り込むクリアな視点に、話を聞いている私たちまで共鳴して、心が清らかに澄んでくるように感じるから不思議です。

## まずはいい道具を知るところから始まる

そんな在本さんの日々の料理は鍋任せ。たとえば、豚の塊肉をぽってりした土鍋に放り込むだけで、ジューシーなローストポークに。「ターク」のグリルパンは、野菜でも肉でも絶妙な「焼き」で仕上げてくれる優れもの。野菜の蒸し煮は「ストウブ」の鍋で。野菜炒めなど、高温でさっと仕上げたいなら銅の中華鍋を。

「取材で料理家さんの元を訪ねると、料理もそうなんですけど、道具使いがすごく参考になるんです。撮影しながら、目の前で料理ができあがっていく様を見ていると、すべてが理にかなっているなあと感動しますね。そして、すぐに同じものを買って帰って作りたく

じんわり熱を通して、こんがり焼き目をつけるのが「ターク」のグリルパンが得意とするところ。この日は大根のステーキ。

なっちゃう。道具がいいと、なんでも勝手においしくなってくれるんですよね。技は必要ないんです」と笑います。

実はこの取材で料理を作っていただきたいとお願いしたときに、「私の料理はぜ〜んぶ〝受け売り〟なんだけどいいのかなあ?」と在本さん。今作っているのは、どこかで出会った誰かが教えてくれたものばかりです。それでも、レシピ本などは一切見ずに、「ま、こんな感じだったよね」と適当にアレンジするのが在本さん流。だから、真似から始まっても、食卓に並ぶ頃は、やっぱり「在本さんの料理」になっているのです。

私も今、家で使っている鍋やフライパンなど、ほとんどの調理道具は、取材で出会った人や料理上手の友人に教えてもらって買ったものばかりです。いい道具は、そこそこの値段がするものです。「わあ、よさそうだなあ」と思っても、なかなか思い切れずに、お店に何度も見に行っては、迷いに迷ってやっと手に入れてきました。それを使ってみるときのワクワク感といったら! まだ20代だった頃、初めて土鍋でご飯を炊いたとき、ツンと立ったお米の美しさとおいしさに、「やっぱり違うもんだわ!」と納得したのを覚えています。私は、そんな自分の台所道具を通して、職人の手技の素晴らしさを学んできたように思います。南部鉄器のやかんで沸かしたお湯がまろやかなことも、土鍋が熱しにくく冷めにくいからこそ、食材をほっこり仕上げてくれることもそう。手に入れて、使ってみて、

リビングにキッチンがあるという開放的な間取り。レンジフードの横にバーを取り付けてもらい、鍋やざるなどをS字フックで吊るしている。

今まで知らなかった世界を知る。台所は、生活の中でもいちばんそんな「実験」のお楽しみを味わうことができる場なのだと思います。

## 客室乗務員として空を飛んだ日々

築40年以上という古いマンションは、広々としたオープンキッチン。客室乗務員時代に、当時住んでいた賃貸マンションが立ち退きになり、引っ越し先がなかなか見つからずに疲れ果てていたときに、巡り合った物件だったそう。

「買うつもりなんかなかったのに、最終的に、古くて安かったので、買っちゃったほうがラクかなと思って」

大学時代に、映画『ニュー・シネマ・パラダイス』を観て、「イタリアに行きたい！　私はイタリアに呼ばれているって思っちゃったんです」と在本さん。とにかく「イタリアに行ける仕事を」と、選んだのが客室乗務員でした。

「仕事はすごく楽しかったんです。でも、5年目ぐらいになった頃、ふとこれでいいのかなと思うようになって……。客室乗務員って、サービス業だから仕事が形として残らないんですよね。自分の中に何も蓄積されていなくて、空っぽな気がして……。日記でも、

右・仕事柄、撮影に行った先で食器を買うこともしょっちゅう。この棚にはいちばんよく使う一軍の器をしまっている。
左・洗い物はこのかごに。料理家・細川亜衣さんが洗い物をかごに上げているのを見て、真似してみた。

絵を描くことでもいいから、自分が過ごしている時間が、残っていけばいいなと思っていました。そんなことを、たまたま機内でお客様と話していたら、『あなたみたいにいろんなところに行く人なら、写真を撮ってみたらいいじゃない』と言われたんです」

こうして小さなカメラを手にあちこちに旅に出かけては、写真を撮るようになりました。そんな写真が、編集者の目にとまり、仕事の依頼がくるようになりました。初めての仕事では、なんとジャズミュージシャンの菊地成孔さんの撮影。南米ブエノスアイレスの街角で撮った写真は、雑誌の表紙に採用され、さらにCDジャケットにもなったそうです。「本当にラッキーでした。あの仕事がなかったら、私は今でも空を飛んでいると思います」と笑います。

こうして、客室乗務員とフォトグラファーという二足のわらじを3年間履き続け、その後航空会社を退職して、フリーランスのフォトグラファーとして独立しました。

何者かになろうとせず、目の前にある「好き」を追いかけ続けたのが、在本さんのこれまでの歩み。計算したり、計画しないことが逆に「今」の感度を磨き、何かを掴み取る握力を強くしていたかのようにも思えます。

たわしは、この小さなかごに。水まわりでもできるだけ、自然素材をチョイスする。

菜箸やヘラなどを立てているのは、アンティークショップで見つけた金属製のカップ。重いので転倒する心配がない。

## 不規則な仕事だからこそ、自分で作って食べたい

そんな忙しい中で、料理なんてきっとできなかったんだろうなあと思って聞いてみると、「いえいえ、そんなことないんですよ」と在本さん。2泊4日や3泊5日でフライトに出かけたら3日間休み。客室乗務員の仕事は、そんなサイクルでまわります。

「出かけている間はほぼ外食なので、体調を管理するためにも、極力自分で作っていました」

どうやら、在本さんにとって料理は、自分を整えるために欠かせないものだったよう。今でも、出張に出かけない限りは、仕事から帰るとすぐにキッチンに立ちます。3年前に結婚したご主人は映像作家で、在本さんと同じく仕事が不規則。なので、一緒に食べたり、先に作って食べてしまったり。日々のご飯づくりはフレキシブルです。

「仕事で遅くなっても、自分で料理して食べたいんですよね。今日は生サラダっていう気分じゃないんだよな、っていう日ありませんか？　ちょっと温かいものを食べたいと、蒸し野菜にしてみたり、スープを作ってみたり」

「土楽窯」のポトフ鍋で仕上げると、肉がパサつかない。塩だけのシンプルな味付けで。

疲れて帰ってきて、作るのが面倒にならないのですか？　と聞いてみると……。「私の今までの人生は、自分で食事をコントロールできない時間が多かった。だから今、自分で作って食べることが、体も心も気持ちいいんです」と在本さん。

日々の料理が億劫にならないのは、「鍋任せ」を始め、無理をせずラクして作れる術を身につけているから。その日手に入る食材と、その日の気分に合わせて気ままに作る。それが在本さんの日々のご飯のよう。

私は、どちらかといえば、料理本を見ながら調味料をちゃんとはかって作るタイプです。あのおかずがおいしくできたなら、また同じ味で作りたいから。でも、

「ストウブ」で作った野菜のオイル蒸し。季節ごとに旬の野菜を使って作り続けている。

買い物をして、レシピを引っ張り出して……とその行程を思い浮かべると、「あ〜、面倒だな〜」とイヤになり、忙しいときは「今日はラーメンでもいいか」と連れ合いと待ち合わせて食べることも。在本さんのような、鍋任せ、気分任せの料理なら、日々のご飯づくりが、もっと気軽になるかもなあと思いました。失敗したっていいじゃない！ 味見しながらでいいじゃない！ レシピから目を離し、自分の手加減、味加減でやってみれば、応用の効く料理の基礎体力がつくに違いありません。

「ババグーリ」の中華鍋で作ったキャベツ炒めには、とれたてのシラスをトッピング。

## 料理づくりはジャズのセッションのよう

上を見れば、レンジフードの横につけたバーから「ババグーリ」の銅鍋や、竹かごがぶらさがって、オープン棚には、作家ものの器から、日本の民芸の器やアフガン鉢が。ガス台まわりには、すぐ手に取れるよう菜箸やレードルが並びます。そんなキッチンは、まるでジャズのセッションのように、在本さんがあちこちで見て、聞いて、触れてきたものが集って、新たなハーモニーを奏でているよう。ワイン片手に作り始め、できた一皿からテーブルへ。「作る」と「食べる」の境界線が曖昧なことも、楽しくキッチンに立てる理由のひとつ。在本さんにとって、

表面はカリッと、中はほっこりと仕上がるのが「ターク」のいいところ。大根ステーキ。

日々のご飯づくりは、外でインプットしたあれこれを、もう一度反芻し、味わい直す時間なのかもしれません。整然と片付いている空間も素敵ですが、私はある程度の生活感があって、使っている人の顔が見えるようなキッチンが好きです。鍋の底には焦げがついていて、調味料を入れた瓶のラベルが半分剥がれかけていたり、使いかけのレモンが転がっていたり。日々使っているからこその手の跡が残る台所には、幸せな香りがするような気がします。

# みんなのレードル

注いだり、つぎ分けたりするための道具のレードルは、いつもの鍋や器とサイズ感が合っていることが使いやすさのポイント。

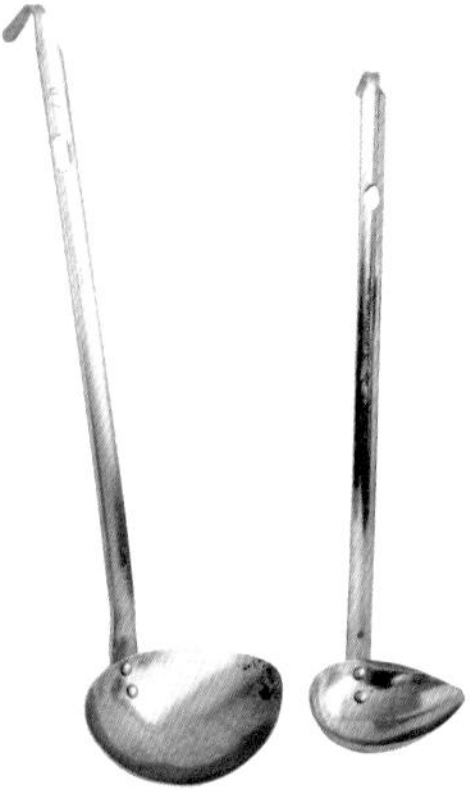

## たかはしよしこさん

合羽橋で買ったもの。注ぎ口があった方が使いやすいのでずっとこれ。小さな方はソースなどに。大きな方は煮物などにも使う。

## 香菜子さん

右は「無印良品」のもの。継ぎ目がないので、汚れがたまることもない。左は「西友」で買ったもの。首が細くて、小さなものも取りやすい。

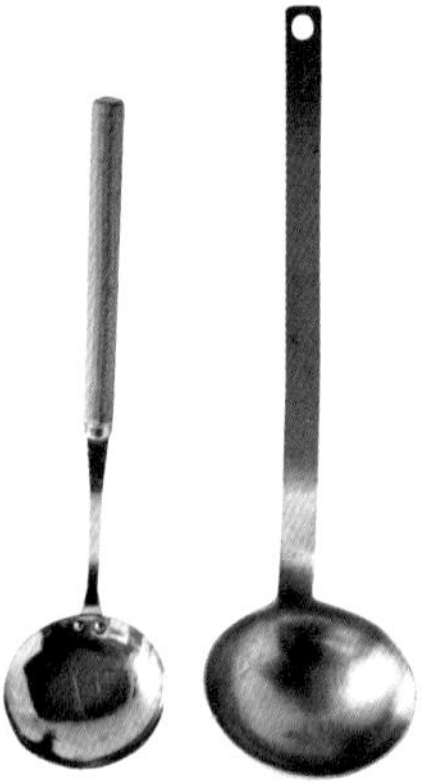

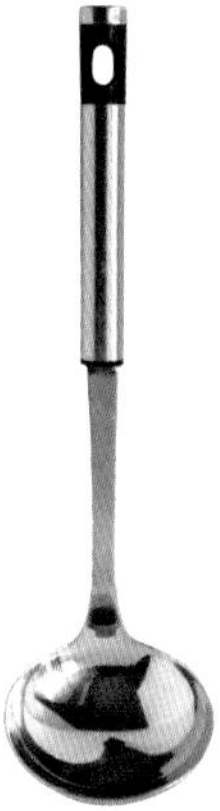

## 八田智香子さん

「ツヴィリング」のプロ仕様のお玉。煮物など和食でも、シチューなどの洋食でも使える、大きすぎず小さすぎないサイズが使いやすい。

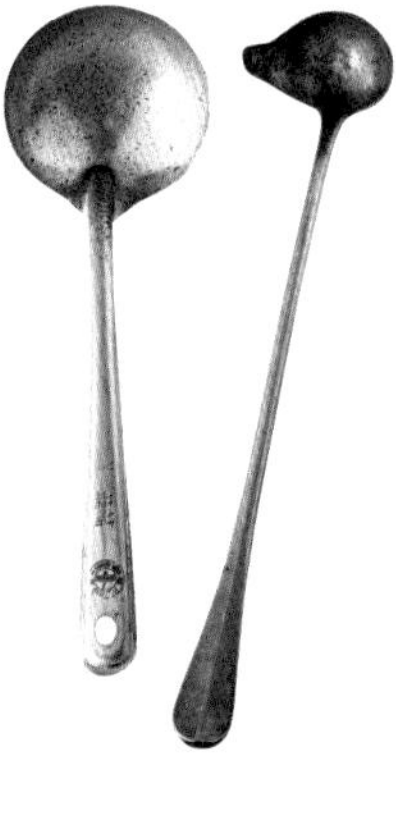

## 中西なちおさん

左のアルミのレードルはなんと拾ったもの。浅いので使いやすい。右は友人からの誕生日プレゼントで、フランスの古いもの。

## 在本彌生さん

長年愛用しているのが、柳宗理デザインのレードル。シンプルで美しいラインは、使いやすさを極めた形。清潔に保ちやすいのもいい。

## 手塚千聡さん

シルバーの方は独身時代から使っている「サンクラフト」のもの。黒いスプーン型は、「貝印」の料理家・脇雅世さん監修のシリーズ。

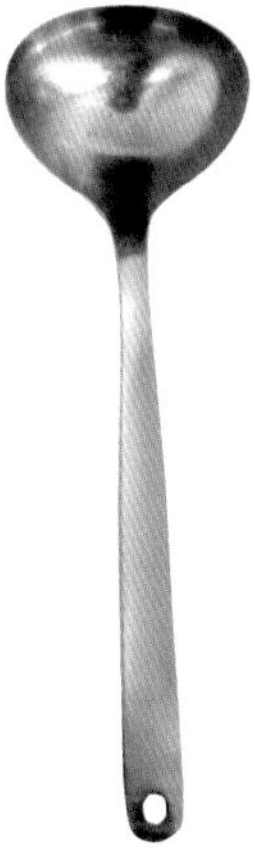

## 中里真理子さん

長年、柳宗理のこのレードルを愛用。シンプルで美しいフォルムと、深すぎないサイズ感がお気に入り。すべての料理に。

## 福島寿子さん

独身時代から使い続けている柳宗理デザイン。大は、ホットケーキを作るときに。小はソース類を注ぐときに。中が普段いちばんよく使う。

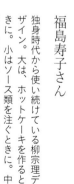

# 便利な道具はどんどん使う

ボトルなどの先端につけるポアラーは、もともとワインの注ぎ口につけるもの。液だれせずに、注ぐ量を調整しやすいので、香菜子さんは、オリーブオイルやビネガー用に使っている。

## 香菜子さん

美術大学在学中からモデルとして活躍。2005年に雑貨ブランド「ロタプロダクト」、2018年にホテルをコンセプトにした生活品のブランド「ホテル・ヴィルヘルムス」を立ち上げ、クリエイターとしても活動中。センスの光るおしゃれや、暮らしぶりが人気。2020年から「おぱんつ君」というキャラクターを作り展示、グッズ販売など展開している。
Instagram @kanako.lotaproduct
Instagram @opantsukun_lota

みじん切りからマッシュポテトまで、使わない日はないという、「クイジナート」のフードプロセッサー。キッチンに出しっぱなしでも様になるルックスで、コンパクトなのもいい。

フードプロセッサーより、なめらかな仕上がりになるのが、ジューサーのいいところ。茹でたかぼちゃ、牛乳など、材料をすべて入れて混ぜるだけでボタージュスープのできあがり。

我が家のパーティーに香菜子さんが来てくれたことがありました。後日「あのときの豆腐の春巻き、さっそく作りました〜」とメールをいただきました。豆腐に生ハムとシソの葉を巻き、春巻きの皮で包んで揚げるというもの。知り合いの料理家さんが作ってくれたその一皿を、みんなで「おいしいね〜」といただきながら、「これなら作れるね」と話していたのでした。帰って即作ってみた、という香菜子さんの素早さに、「わあ、きっとお料理好きに違いない」と思ったのでした。

また別のある日、一緒にイベントに参加した際、終わったのは夕方近くでした。「遅くなっちゃって、お子さんたちのご飯は大丈夫？」と聞くと、「平気、平気、カ

毎日食洗機もフル活用。収納力がたっぷりで、上段のトレイには、カトラリーや細かなパーツも並べられるので、ドイツの「ミーレ」が気に入っている。壊れては買い替えて、現在3台目。

レーひと鍋作ってきたから」と言ってのける姿に、ほほ〜と感心！　センスのいい洋服の着こなしや、素敵なライフスタイルがあちこちの雑誌に取り上げられ多くの人の憧れの的に。でも、私が香菜子さんのことを大好きなのは、ただおしゃれなだけでなく、日常に根ざした生活力を持っている、からなのです。

雑誌などで紹介されると、どうしてもその人の「いいところ」だけがクローズアップされがちです。でも、当然のことながら、どんな人も時間に追われながら、掃除をしたり、洗濯物を干したり、時にはイライラしながらご飯を作ったりと、ちっともかっこよくない日常があります。私は、素敵なその人の裏側に、ちらりと

マンションの独立型のキッチン。スピーディに料理ができるよう、よく使うものは、すべて手が届く位置に「出しておく」収納に。

そんな〝かっこよくない〟姿を見つけると、「ふふふ」と嬉しくなってしまうのです。

「今日は、疲れちゃった……。そんな日は『もう作りません宣言』をするんです」

と香菜子さん。小学4年生の息子さんと高校2年生の娘さんを連れて外食する日もあれば、デパ地下でお惣菜を買って帰る日も。

「『今日はお弁当にしま〜す。何弁当がいい？』と子供たちにラインで尋ねたり、逆に家にこもって一日仕事をしている日には、『誰かお弁当買ってきて〜』ってお願いすることもあるんです」と笑います。

子供がいると、毎日必ず作らなきゃ、と思いがちですが、香菜子さんの諦めっぷりのいいこと！　しかも、「こんなケースは、こうする」と家族を巻き込んだ体制が整っています。

こんなふうに「無理しなくてもいい」と割り切れるようになったのは最近のこと。大学時代からモデルとして働き始め、「痩せなくちゃ」とずいぶんつらい思いをした日々もあったそうです。結婚し妊娠したときには、「ああ、やっと仕事が辞められる」とほっとしたのだとか。実は、香菜子さんのご実家では、お母様も3人姉妹の上ふたりのお姉さまも大の料理好き。外食はほとんどなく、毎日食卓にずらりとおかずが並んでいました。当然、香菜子さんも、きちんと3食を作り、掃除、洗濯、そして部屋を整えたり、雑貨を飾ったりと、優等生の専業主婦に。

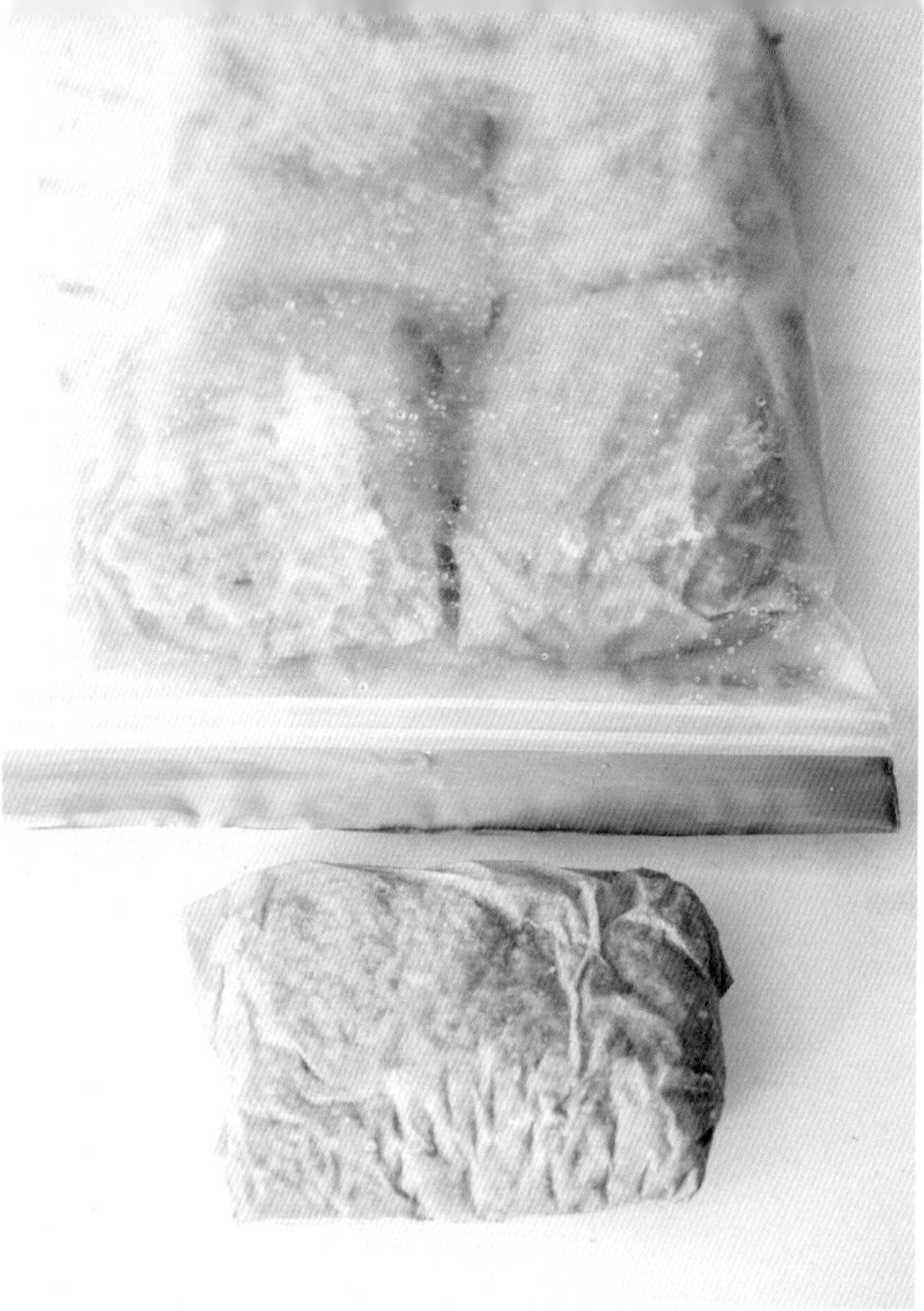

よく使う道具のひとつがせいろ。時間がない日は、これで蒸し野菜を。電子レンジを使わないので、ご飯はオーブンシートで包んで冷凍し、蒸し器で解凍&温める。

ご飯と蒸し野菜が同時にできあがり。蒸し野菜はオリーブオイルと塩でシンプルに食べる。晩ご飯には、これにハンバーグや焼き魚など、たんぱく質のおかずを一品プラスして。

「つい最近まで、全部が完璧じゃないとダメだと思っていました」と笑います。

そんな生活が変わり始めたのが、4年前に、何気ない日常のおしゃれを紹介した『普段着BOOK』を出版してから。それまでも、「〝お母さん〟以外の何かをやりたい」とご自身のブランド「ロタプロダクト」を立ち上げ、子供のエプロンを作ったり、イラストレーターとして仕事をしたり。でも、本を発売するや否や、香菜子さんの人気は大ブレイク！　一気に仕事が忙しくなりました。

「ご飯だけは、ちゃんと作らなきゃとずっと思っていました。でも、それが無理になってきて、だんだんイライラしてくると、家族にも伝わって……。そうしたら、夫が『だったら作らなくてもいいよ。週末は外食だっていいし』と言ってくれたんです。それで気が楽になりましたね」

今では、子供たちと3人でラーメン屋さんに立ち寄って、帰りに餃子を持ち帰りにして、遅く帰ってくるご主人のおつまみに……というテクニックも身につけました。それでも「やっぱり週に5日は作っているかな」と香菜子さん。仕事から帰り、手早く準備するために活用しているのが、フードプロセッサー、ジューサー、食洗機などの便利家電です。

特に〝これがない生活なんて、考えられない〟というのが、フードプロセッサー。玉ねぎ、人参、セロリを一気にみじん切りにし、ひき肉と一緒に炒めてトマト缶を加えて煮込んだら、あっという間にミートソースが完成。そのほか、ニラやキャベツをみじん切りにして餃子に。さらに、蒸したじゃがいもとバターと生クリームを入れて混ぜると、マッシュポテトができあがります。

どうも、日本には「手仕事」という言葉があるように、「手」を使ったほうが「丁寧」という文化があるようです。私は、つい最近〝スライサー〟というものを初めて買いました。キャロットラペを作ったり、玉ねぎをスライスするのに本当に便利！　長い間「包丁で切ればいいことなんだから」とあえて避けてきたのに、「どうして、もっと早く買わなかったんだろう！」と後悔。手早いだけでなく、玉ねぎは美しく薄くスライスできるし、人参は均一に細かくおろせるし……。スピードだけでなく、料理のグレードもアップするのだと知りました。香菜子さんに刺激され、私も今はフードプロセッサーの購入をかなり本気で考えています。

ミートソースをよく作るのは、一皿で肉も野菜もバランスよくとれるから。家族の健康を考えることも、香菜子さんにとっては、日々のご飯づくりの大切な要素です。野菜嫌いという息子さんも、これならペロリと食べてくれるそう。

「常備菜を作ろうかと、あれこれ本も買ってみたんですが、どうも性格に合わないみたい（笑）。そのとき食べたいものを、ササッと作るのが好きですね。『今日は、何を作ろうか

どうしても忙しい日はお惣菜を買ってくることも。これは、近所のイタリア食材屋さんで買ってきたカポナータ、かぼちゃとチーズのサラダ、豚のリエット、きのこのマリネ。

買ってきたおかずは、必ず器に移し替えて。サラダとバゲット、かぼちゃのポタージュをプラスすれば、豪華なディナーに。子供が食べている間、香菜子さんはワインを1〜2杯。

以前仕事場を借りていたときに、友達に作ってもらった木製カウンターをキッチンに。ゴミ箱ふたつにぴったりサイズだった。壁面にはグラスを並べる棚を作ってもらった。かごやカッティングボードはフックで吊るす収納に。

なあ〜』と決めきらないうちに、スーパーに到着して、なんとなく食材をかごに入れて、帰りながら『これだったら、何が作れるかな?』と考えます。1週間分まとめ買いしてしまうと、使い切ることが負担になっちゃって。トライ&エラーで、いろいろな方法を試した結果、その日に買い物し、その日に作るという、ごく普通のスタイルになってきました」

## 料理も仕事も機嫌よく

3年前から、モデルの仕事も再開。

「友人が事務所を紹介してくれたんです。軽い気持ちで遊びに行ったら、スリーサイズを測って登録していました」と笑います。

それでも若い頃と違うのは、「もう自分を偽らなくてもいい」ということ。無理して痩せたりせずに、ありのままの自分でできることをやればいい……。モデル以外にも、ファッションや料理やインテリアと、仕事の幅は多岐にわたります。

「私で応えられることがあれば、やらせていただきたいなあと思います。絵を描いたり、雑貨を作ったり、おしゃれをしたり、料理を作ったり。小さい頃から好きでずっとやってきたことが仕事になっていて幸せですよね。いつかこの仕事がなくなるかもしれません。

たまに使う鍋、お弁当箱などは、吊り戸棚の中へ。背が高い香菜子さん。この位置だと、スムーズに出し入れ可能。

そのときはまた家事を楽しめばいいと思っています。求められることに最大限応えるけれど、求められなくなったらそれもいい。流れに乗っている感じですね。この先に50代という年齢が待っているけれど、まだまだ楽しいことがありそうで、楽しみなんです」

夕方帰宅すると、エプロンをしてキッチンへ。料理にとりかかる前に、まずはキリリと冷えた白ワインを1杯。まな板の上に、ドライフルーツをのせて、おつまみ代わりにしながら、一息入れます。そんな自分へのご褒美が、これから夕食を作り、片付けて……と寝るまでの、夜のバタバタを乗り切る力に。

どうやら香菜子さんは、自分のご機嫌をとるのが上手なよう。ご褒美をくっつけたり、ラクにできる道具に頼ったり。真正面から取りかかれば、ため息をつくほど気が重いことも、一旦横に外れて、斜めからアプローチしてみれば、気軽に鼻歌気分でできるよう。それは、すべてのことにつながっています。仕事でも、暮らしでも、そして生きるということでも。世の中にはいろいろ大変なことがあるけれど、それを乗り越えようとするよりも、受け止める自分を、いかにご機嫌よくできるか……。そんなさじ加減がうまくなれば、笑顔の回数が増えそうです。

調味料や乾物類は、台形のフォルムが気に入ったというデンマークの「ハウスドクター」の保存瓶に。おそろいでずらりと並べるときれい。

鍋やフライパン、ふた、キッチンバサミなどは、しまい込まずに、レンジフードまわりに吊るしている。すぐ取れ、すぐしまえて便利。

# みんなのまな板

すべての料理の始まりはまな板から。
安定感があり、刃あたりがよいものを。清潔に保つ手入れも大事です。

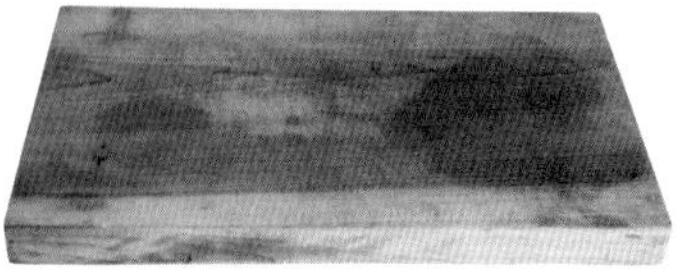

たかはしよしこさん

徳島の木材などを売っている店で、ご両親が買ってきてくれたというもの。使いやすいサイズを伝えてカットしてもらった。

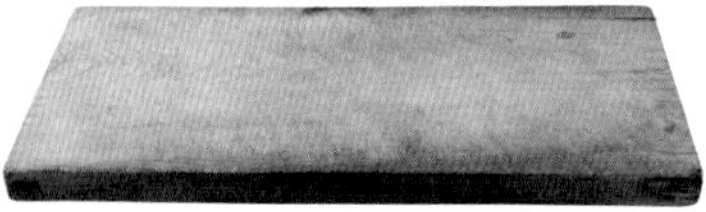

香菜子さん

大工をやっているおじさんに作ってもらったもの。実家に帰るたびに削ってもらっているので、新品より1割ぐらい小さくなっている。

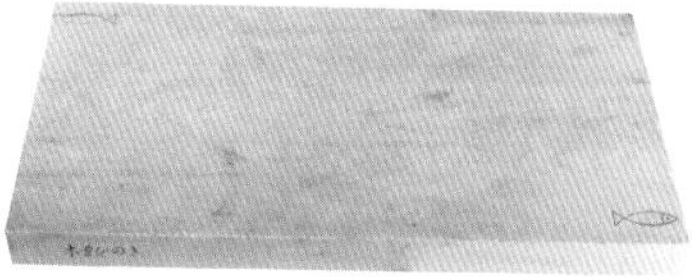

## 八田智香子さん

刃物専門店「日本橋木屋」で買ったもの。表と裏に魚と野菜のマークがあり、使い分けることができる。乾きが早いのもいいところ。

## 在本彌生さん

いろいろ使ってみた結果落ち着いたのが、オリーブの木のまな板。油分を多く含み、密度が高いので、カビたり傷んだりしにくい。

## 中西なちおさん

使い込んだイチョウのまな板は、高知県に住んでいた頃に道の駅で買ったもの。まな板を新調するときは、必ず高知で買うのが習慣。

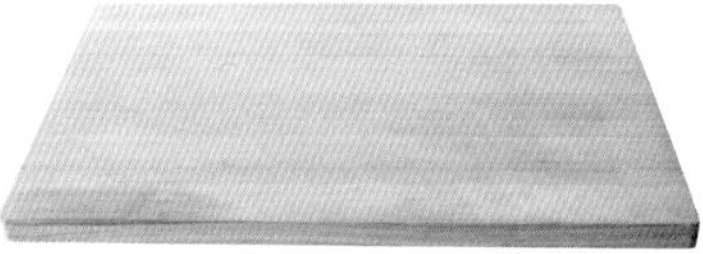

## 手塚千聡さん

「無印良品」で最近買ったばかり。ひのき製で軽い。すぐに端が黒ずみやすいので、よく乾かしてからしまうようにしている。

## 中里真理子さん

丸くて分厚いまな板は、中華街で買ったもの。厚手なので安定感があり、刃あたりもいい。どこかプロっぽい雰囲気が好きなのだとか。

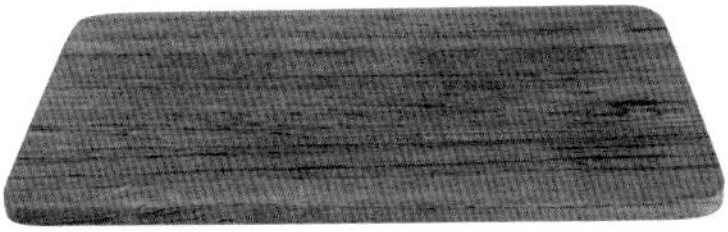

## 福島寿子さん

木工作家・山口和宏さんが、長崎のギャラリー「アトリエトア」の別注として作ったもの。小さくて取りまわしやすい。

# 出汁さえ あれば、すべて うまくいく

## 中里真理子さん

スタイリスト。独立後、サンフランシスコへ。現地での暮らしを経験して帰国後、料理や日用品を中心に、雑誌や単行本のスタイリングで活躍。独自のもの選びの目で、多くの料理家に信頼が厚い。最近ではインテリアやファッションも手がける。4歳の双子の母。

鍋に水と昆布を入れて煮立て、沸騰したらかつお節を投入。ひと煮立ちさせてから火を止めるのが中里さんの方法。

「民芸の器が好き」「アメリカのアートや音楽が好き」「外でご飯を食べるのが好き」——好きなものの話をしていると、中里さんらしさがだんだんと見えてきます。初めて会ったとき、「誰かとおんなじ」ではなく、「私の好き」をきちんと持っている人だなあと感じました。スタイリストとして独立し、仕事がやっと軌道に乗った頃に単身渡米。仕事の都合で後から合流したご主人とともに2年半ほど暮らして帰国。その2年後に双子を産んだのだとか……。そんなキャリアを聞いただけでも、きっとファンキーに生きてきた方に違いない、と思っていました。だから、「毎朝5時半に起きて、掃除、洗濯、夕食の準備をするんです」と聞いた

ざるにさらしを敷いて漉し、密閉容器に小分けにして冷凍。これさえストックしておけば、味噌汁も煮物もすぐできる。

とき、失礼ながら「え〜っ」と、ちょっと意外だったのです。

## ナンプラーやごま油もどんどん使って、味付けは大人仕様

雑誌や書籍で、料理や雑貨、インテリアなどのスタイリングを手がける中里さん。打ち合わせ、貸し出しのためのショップ巡り、そして撮影本番でのスタイリング、返却。スタイリストの仕事は驚くほど細かく、手間も時間もかかります。それでも、17時半までにはすべてを終えて、4歳の双子、健成くんとみずきちゃんのお迎えに駆けつけ、家に帰って15分ほどで夕食の準備を。

毎朝5時ぐらいに起きて、野菜をカットしたり、味噌汁を作ったりと、夕食の準備を8割ぐらいすませておくそう。でも、無理をせず、時には子供たちを連れて外食も。

「簡単なものしか作りませんから。蒸す、焼く、和えるっていう時間がかからない3つの調理法がメインなんです」と笑います。

それでも、この日のおかずは、香ばしい焦げがおいしい焼きキャベツと、豚肉と長芋の豆豉《トウチ》蒸し、カブのナムルとおいしそうなこと！

「カブは塩もみをして、豚肉と長芋は豆豉や調味料で下味をつけておいて、と朝準備をすませておくんです。ご飯はタイマーをセットしておくから、あとはおかずを仕上げるだけ。すぐできちゃいます」

それにしても、ごま油に豆豉、ナンプラーなど、その味付けはまるっきり大人仕様。「うちの子たちは、どれも大好きでよく食べるんですよ」と中里さん。子供のためだけでなく、自分たちもおいしく食べたい。それが、中里さんのご飯づくりの基本のよう。

買い物は週に1回。1週間分のメニューをだいたい頭に思い描き、食材をそろえておくそうです。

「独身時代は、毎日仕事帰りに買い物して、その日食べたいものを作っていました。でも、そうすると買う→帰る→作る→食べる、と完成までに時間がかかって……。子供を産んでからは、仕事、家事、育児とやることがてんこもりで、どれだけ早くご飯を作ることができるかが勝負。そのためには、何を作るか計画を立てて買い物をし、先回りして準備をし

豚肉と拍子木に切った長芋に、豆鼓、たたいた梅干しを加えて、酒、しょうゆ、ごま油、オイスターソースで味をつけ、蒸すだけで、本格中華の一皿が完成。

ていく必要があったんです」と教えてくれました。

アメリカで知ったのは、「こうじゃなきゃ」はないってこと

お母様が料理や器好きで、幼い頃家にあった『暮らしの手帖』の料理ページを見るのが大好きだったのだとか。「こういう雑誌を作る仕事があるんだ」と知ったのが、スタイリストになりたいと思うようになったきっかけなのだといいます。

大学在学中にスタイリストのChizuさんと偶然知り合い、卒業後にアシスタントになって、2年弱で独立しました。

ひとり暮らしを始めた頃から、今も変

大きくカットしたキャベツを、よく熱した「ターク」のグリルパンで焼く。こんがりした焼け目がおいしさのもと。キャベツの甘みが引き立つ。オリーブオイル、塩、レモンで。

わらず続けているのが、昆布とかつお節で出汁をとることです。

「母がやっていたので、私も当たり前のように作っていました。出汁さえちゃんと作っておけば、味噌汁も煮物もすぐに、おいしくできるでしょう?」

今でも週に2~3回、まとめて大鍋で出汁をとり、「ジップロックコンテナ」に小分けして冷凍しています。この方法は私もおんなじ。いつだったか、料理家の有元葉子さんの本で「かつお節は箸が立つほどたっぷり」と出汁をとるときのコツを知りました。え~、かつお節って高いのにそんなに⁉ と戸惑ったのを覚えています。でも、確かにそうやってとった出汁は絶品。今までと同じように炊いた大根のあまりのおいしさに驚きました。いたって普通の煮物がご馳走になる……。以来私も、「箸が立つほど、箸が立つほど……」と呪文のように唱えながら出汁のストックを作っています。

スタイリストとして順調に滑り出したというのに、仕事を一旦休んでアメリカへと旅立つには、大きな勇気が必要だったはず。「帰ってから仕事があるかどうか、心配じゃなかったの?」と聞いてみました。

「もちろん、不安でした。だから、いろんな人に相談したんです。みんな『行ってくれば~』って言ってくれたし、私自身も、すっごく行きたかったんですよね」と中里さん。

当時、雑誌のページづくりといえば、白い器を並べてナチュラルで……。そんな画一的

上・塩もみしたカブにごま油、塩、ごまを加えてナムルに。朝、出かける前に塩もみまでやっておくと、帰宅後がラク。
下・こちらは、さっと茹でた山芋に、ナンプラーとレモン、ごま油を加えて。山芋は、少し歯ごたえが残るぐらいに茹でるのがコツ。

な世界に「これでいいの？」と違和感を感じ始めていたそう。

「アメリカは歴史が浅いから、カルチャーを生み出す力がすごいんです。自由だし、何でもあり。な～んだ、好きなものを選んでもいいんじゃん、って思いましたね」

帰国後、「こうじゃなきゃ」と植え付けられていたセオリーを少しずつ手放し、雑誌や書籍のカラーに合わせつつも、その中で自分らしさをどう出せるかを考えるようになりました。

「たとえば、料理家さんの料理本のスタイリングなら、その人らしさをどうしたら引き出せるだろう？　と考えます。すでにできあがっている〝その人っぽさ〟ではなくて、まだ本人も気づいていないかもしれない、その人の素敵なところを見つけて引っ張り出せればいいなあと思って。たとえば『ああ、この人はザクッと切って大胆に盛り付けるから、ちまちました小皿でなく、力強い大皿がいいかな』みたいな……」

器や小物をそろえるだけが、スタイリストの仕事じゃない。人と人とのコラボレーションで、おいしい風景を生み出そうとする中里さんは、まさにプロフェッショナルでした。

茹でたレンコンに、オリーブオイルとレモン、しょうゆ少々を加えてマリネに。

## 大好きな器が、簡単料理を引き立ててくれる

そんなスタイリングに役立つのが、中里家の食器棚にある数々の器たちです。独立型のキッチンでは、すべてをしまい込むのはとても無理。そこで壁際にステンレスのシェルフを設置し、すべての食器を「見せる収納」に。撮影の際には、日常で使っている器を持ち込むことも多いそうです。いわゆる人気陶芸家というよりも、どっしりした民芸の器や、海外の古いもの、木のトレイやピューターなど、名もない器を使うことが多いのが中里さんらしいところ。器自体が主張することはなく、ごろりとしたじゃがいもや、カリッと焼いた肉や、旬の野菜

茹でたブロッコリーを、マヨネーズとすりごま、塩少々で和えたサラダ。

など、おいしさを引き立ててくれる……。

そんな器の在り方は、中里さんが目指している姿のようにも思えてきます。

　実は結婚した当初、子供が欲しいなんて全然思っていなかったと聞いて驚きました。それが変わったのはアメリカから帰国した頃。

「学生時代からの親友でもある、料理家の広沢京子ちゃんが、結婚して子供を産んだんです。彼女が、どんどん変わっていく様子が素敵だなあと思って。そんなにも真剣になれる子育てってどんなものなんだろう？子供っていいなあと感じたんですよね」

　そして帰国2年後に妊娠。ただ予定外だったのは、生まれてきたのが双子だったということでした。仕事を続けたかったので、実家近くに住まいを探し、見つけたのが、

5時半〜6時頃保育園にお迎えに行き、6時半に帰宅。10分ぐらいで夕食の用意を。全部食べ終わって7時10分ぐらい。ご主人は帰りが遅いので、いつも双子たちと3人で夕食タイム。

今住んでいる築30年ほどのマンションです。

「産んで1年目は、記憶がないぐらい（笑）。外に出かけられなかったのがつらかったですね。ちょっと気分転換に街にでも、と思っても双子を抱えていたら、オムツ替えるときにどうしよう？　と考えたら『無理！』って、結局家にずっといることになって」と笑います。

それでも、徐々に仕事を始め、今年で4年目になりました。

## 「あれ食べたい」って大事！

朝から夜寝るまでフル回転で、さぞかし大変だろうと思うのに、中里さんは、いつも明るくて楽しそうで、飄々としてかっこ

右・スチールシェルフを食器棚代わりに。民芸の器や古いものなど、一目で「ここのもの」とわからない器が好き。スタイリングに持っていくことも多い。
下・塩や砂糖などの調味料は、理科実験用のガラス瓶に保存。

いい！　私は、常識にとらわれず、どこかぶっ飛んでいて、自由奔放な空気を孕んでいる人が大好きです。それは、きっと優等生タイプの私にとって、なかなか手に入れられない資質だからなのかも。

「ごま油と塩やしょうゆで和えるだけのナムルって超おいしいよね～」「オーブンで仕上げるピーマンの肉詰め、簡単だよ～」。そんな中里さんの話を聞いていると、毎日パパッとおいしいものを作って食べることを心から楽しんでいるよう。毎日のご飯づくりには、「子供のために、絶対にサボれない」という大変さと、「家族でおいしく食卓を囲む」という豊かさが背中合わせになっています。シーソーのように、大変さの分量が増えればイライラするし、豊かさが増えれば笑顔

下・鍋つかみの代わりに軍手を愛用。料理家さんがやっているのを見て「これは便利」と真似するように。2枚重ねて使う。
左・「ターク」のフライパンなどよく使うものは、レンジフードまわりにかけておく。

でいられる……。ギッコンバッタンと、豊かさへと重心を傾けるために、必要なものは「食欲」じゃないかと私は思います。

どこかで食べたり、雑誌や料理本、テレビなどで見たりして「わあ、あれおいしそう！」と感動し、少々面倒でも、「あのおいしさのためなら」と手を動かす。小さな子供がいても、仕事が忙しくても、時間が足りなくても、日々のご飯づくりを頑張れる……。そのためには、「あれ食べたい」という純粋な「食欲」を持つことがいちばんの近道なんじゃないかなあと思いました。

# みんなの調味料

調味料が変われば、おかずの味もガラリと変わります。
何を選ぶかは、家庭の味を決めること。

## 中西なちおさん

「コストコ」で見つけたオリーブオイル。スペイン産でフルーティな香り。大容量なので、たっぷり使うことができる。

料理にみりんや酒、砂糖はほとんど使わないので、塩が調味料の中心に。沖縄の海水をくみ上げて作った「粟國の塩」を愛用。

## 福島寿子さん

酒は、その時々によってスーパーで手に入るものを。料理酒ではなく、飲める酒を買うのが基本。今回は「菊正宗辛口」を。

長崎県出身の福島さん。しょうゆは、地元の「チヨーコー醤油」の「超特選むらさき」と決めている。やや甘めの濃口しょうゆ。

## 香菜子さん

大地宅配で購入している「みのり醤油」。大豆、小麦、塩というシンプルな材料で作られ、昔ながらの味と香りは煮物にぴったり。

京都の「飯尾醸造」の「富士酢」は、まろやかな純米酢。酢の物や、ドレッシングなどお酢が決め手の料理がぐんとおいしくなる。

「味の母」。みりんと酒のよさが一瓶に。みりんよりややあっさりしていて、甘くなりすぎず、どんな料理の味も引き立ててくれる。

## 在本彌生さん

「坂本製油」の「純なたね油」。料理家・細川亜衣さんから教えてもらった熊本産。オリーブオイルとほぼ変わらない成分で酸化しにくい。

「盛田」の「有機みりんタイプだからこころの底から旨くなる」。蒸したもち米を発酵させたものに塩を加えて処理をしたみりん。

広島の老舗「寺岡有機醸造」の「寺岡家の有機醤油」。有機ＪＡＳのオーガニック基準に沿って栽培された原料を使用。安心して使える。

## たかはしよしこさん

小豆島の醤油製造所「ヤマヒサ」の「杉樽仕込しょうゆ」。杉の大樽で天然醸造で作られたしょうゆは、深みのある味わいと香りが違う。

自然農法で生産を行う「秀明ナチュラルファーム北海道」の「soy sauce」。大豆の豆がしっかり感じられる。

酒は「大木大吉本店」の「蔵の素」。飲んでもおいしい料理酒をと開発されたもので、旨味成分となるアミノ酸を多く含むのが特徴。

「福来純」の「本みりん」は、熟成に3年をかけた琥珀色のみりん。深みと奥行きのある旨味が料理の味を引き立てる。梅酒作りにも使う。

## 手塚千聡さん

「キッコーマン」の「特選丸大豆しょうゆ」。少々割高になっても、小さなボトルで買って、冷蔵庫で保存している。

岐阜県の「白扇酒造」の「花美蔵料理酒」。食塩不使用なので飲むこともできる本格料理酒。長期発酵によって旨味を引き出したもの。

「三洲三河みりん」。さらっとして甘すぎないので、煮物や照り焼きなどに使うと、食材の味をきちんと引き立ててくれる。

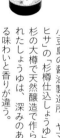

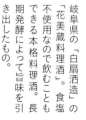

## 八田智香子さん

「平出油屋」の「ひらいでの菜種油」。菜種油特有のくせがなく、さっぱりとしているので、ドレッシングなどにも使うことができる。

「味の一」のみりん「味の母」。みりんの旨味と酒の風味を併せ持っているのが特徴。素材本来の味を生かしてまろやかな仕上げに。

大分県臼杵「フンドーキン醤油」の「無添加丸大豆生しょうゆ」。火入れをしない生のしょうゆならではの澄み切った味わいがお気に入り。

## 中里真理子さん

島根県「井上醤油店」の「井上古式じょうゆ」。江戸時代から使い続けている蔵の壁の酵母が、しょうゆの旨味を生み出すと言われている。

「生活クラブ」で買っている「英君料理酒」。「生活クラブ」の指定米と米麹のみを原料としているので、安心安全なのがいいところ。

「三州三河みりん」は、もち米のおいしさを伝統的な醸造法で引き出した本格みりん。飲めるほどにおいしくキレのいい甘さ。

# ひとつ先回りして支度を

福島寿子さん

外資系化粧品会社、アパレル会社を経て、繊維関連の商社に勤務。日本と海外を行き来しながら輸入の折衝などをこなす。結婚、出産を機に専業主婦に。2015年より生地専門店「チェック&ストライプ」に勤務。ご主人、15歳の長男、10歳の長女と4人暮らし。

冷蔵庫に入っていたもの。レタスはちぎり、グレープフルーツはむいて、ブロッコリーは下茹でして。キャベツは切って塩もみしておく。トンカツは衣をつけ、茹で鶏はスープとともに保存。グラタン用のホワイトソースもあらかじめ作っておく。

独立型のキッチンは、マンションだが角部屋なので窓もあり、広々として気持ちがいい。出窓によく使うレードル類を置いているだけで、あとはすっきりと〝しまう収納〟に。

上・トンカツは、脂が少なめの豚ヒレ肉で。レタスとブロッコリーをつけ合わせに。左ページ上・揚げ物をするときには、魚焼きグリルの上に広告の紙とキッチンペーパーを敷き、揚がったものからそこに置いておく。この方法なら、いちいち揚げ物用のバットなどを洗う必要がないのでラクチン。

福島さんが冷蔵庫を開けると、「野田琺瑯」の密閉容器と「ジップロックコンテナ」がピシッと並んでいました。買い物から帰ると、買ってきたものをきちんと小分けし、整理してから冷蔵庫へ入れるのだといいます。葉もの野菜を洗って一口サイズにちぎっておいたり、ブロッコリーを茹でておいたり。さらに翌日、翌々日までの献立を考えて、トンカツの衣をつけておいたり、茹で鶏を作っておいたり。こんなふうに、少しずつ前倒しして準備しておけば、小学4年生の太央くんと、4歳の欧夏ちゃんの「お腹すいた〜」という声に追いかけられながらも、なんとか毎日のご飯づくりをスピーディにこなせるのだとか。

右上・トマトをカットしただけ。井山三希子さん作の美しいグレーの楕円皿によく映える。
左上・塩もみしておいたキャベツにきゅうりを加えてごま油で和えてナムル風に。
右下・レタスとグレープフルーツのサラダは茹で鶏をのせて、手作りの黒ごまドレッシングで。
左下・ホワイトソースの上に、旬のたけのこ、ハム、アスパラガスをのせて焼いた春のグラタン。

冷凍庫もきっとぎっしりなのだろうな？　と見せてもらうと、なんと、パンぐらいしか入っていなくてスカスカ！　本来は、買い置きするのがキライで、その日買ったものをその日食べてしまいたいと思うタイプ。でも、仕事を持ち忙しい今は、毎日買い物に行く時間がないので、1～2日分だけストックしているそう。それでもなるべくため込まずに食べきって、冷蔵庫はもちろん、キッチン全体の風通しをよく、循環させたいのだといいます。

好き嫌いがはっきりし、自分の意志をきちんと持っているのが、私が福島さんに会っていつも刺激をもらうところ。何かに流されるのではなく、どんなことも自分で選び、自分で決める……。料理だけでなく、衣食住すべてに貫かれた、そんな凛とした佇まいに、こちらの背筋が伸びていく気がするのです。

## 新居の独立型キッチンがお気に入り

初めて出会ったのは、私が兵庫県の芦屋市でトークイベントをしたときでした。ドーサのブラウスをさらりと着こなした姿がかっこよくて、思わず声をかけました。アパレル会社を経て繊維関係の商社で働いていた、と聞いて、「やっぱり！」と思ったのでした。当時は仕事を辞めて専業主婦に。ご主人の仕事で、4年半上海で暮らし、帰国後神戸に

4歳の欧夏ちゃんは、お手伝いがマイブーム。お母さんの役に立つことが嬉しいそう。

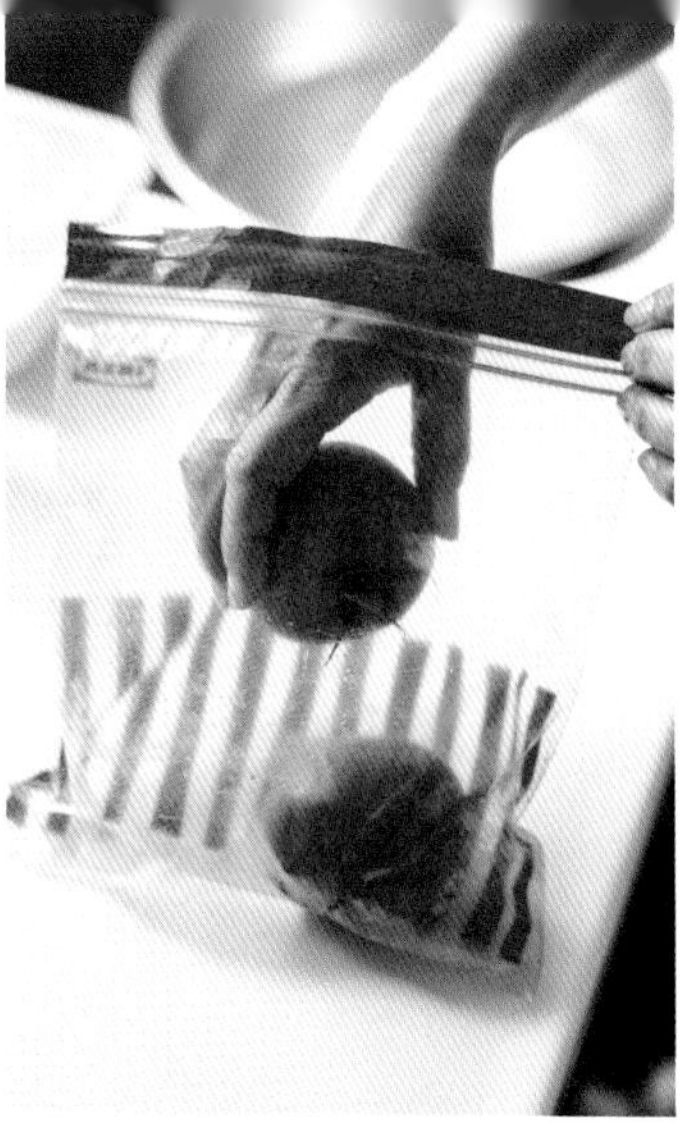

右・トマトも買ってきたパックのままではなく、水洗いしてからジッパーつき袋に入れて。
下・広告の紙で生ゴミ入れを作っておき、ここに捨ててそのままゴミ箱へ直行。水がかからないので、腐りにくくなる。

転勤になった、という時期でした。縁もゆかりもない神戸での生活は、不安だったそう。

「でも、住んでみると、コンパクトな街は予想以上に暮らしやすかったんです。おいしいパン屋さんやソーセージ屋さんで買い物をして、朝食を作るのが楽しみでした。子供を送り出した後、友人たちとカフェやギャラリーに出かけたり、神戸生活を満喫しましたね」

　ところが、今回取材をお願いしたちょうど半月前に、今度は神戸から東京へ転勤に。新居は、古き良き時代を感じさせる築27年のどっしりとしたマンションです。「庭に面しているのが気に入って」という1階角部屋は、窓が多くてまるで一

右上・スチールシェルフの中に、ガラスケースを組み込んで。ここには大事な器をしまって、ティータイム用のコーナーに。
左上・冷蔵庫の中まで美しい。手を加えた食材を「野田琺瑯」の密閉容器などに入れて保存。
右下・「イケア」で購入したワゴン。スライド式の引き出しには、乾物や調味料などのストック食材や、ビニール袋などを収納。
左下・シンク下は、棚を入れて鍋類をすっきり収納。義母からプレゼントされたという、「クリステル」の鍋は入れ子にしまえるので、省スペース。ボウルは柳宗理デザインのもの。

戸建てのよう。キッチンは細長い独立型です。オープンキッチンが主流の昨今ですが、「私はこっちの方が、集中できて気に入っているんです」と福島さん。シンクと反対側の壁際には、スチール棚やワイヤーのスライドラックなどを組み合わせ、電化製品や食材などをコンパクトに収納。食器棚はあえて置かず、既存の収納スペースに収めました。

この日の夕食は、揚げ物大好き、という子供たちのリクエストに応えて、メインディッシュはヒレカツ。前の晩に衣をつけてあったので、揚げるだけでできあがりです。さらに、冷蔵庫からジップロックコンテナを取り出して、すでに洗ってカットしてあるレタスと、茹でておいたブロッコリー、むいておいたグレープフルーツを盛り付けて、茹で鶏をスライスしてトッピングすれば、ご馳走サラダのできあがり。そんな作業を見ていると、なるほど、ちょっとだけでも準備しておけば、こんなに一品一品を作るのがスムーズなのかと納得しました。てきぱきとキッチンを行き来しながら、みるみるうちに、5品ものおかずができあがりました。

「やっぱり、子供が喜んでくれるメニューが中心ですね。うちの子たちは、ご飯にのせて食べられるおかずがないとダメなんです。トンカツやコロッケなどはよく作りますね。あとは、野菜をなるべくたっぷりかな。仕事で遅くなる主人には、お刺身などを一品プラスしています」

# 日々のご飯づくりは器の力を借りて

サラダを盛り付けたのは「アスティエ・ド・ヴィラット」の角皿。キャベツのナムルは横山秀樹さん作のぽっこり深いガラスの器に。その食卓の美しいこと！　子供たちも幼い頃からプラスチック製品は使わず、きちんと陶器の器でご飯を食べるのだとか。「ファッションの仕事をしている頃から器が好きで、原宿の『Zakka』さんなどによく行きましたね。今でも器を見るのは大好きです」と語ります。

大皿におかずを盛り付けて、取り分けて食べるのがいつものスタイル。白い七寸の取り皿は、陶芸家・内田鋼一さんの個展で手に入れました。

「本当に素晴らしくて。この器だけあれば他はいらない、って思うぐらい」と笑います。

私も器が大好きなので、使う楽しみはとてもよくわかります。家に帰って料理を盛り付けてみたら、店で見た器とは、ガラリと表情が変わる。自分が作った拙《つたな》い料理でも、器がよければご馳走に見える。そんな経験のひとつひとつにワクワクして……。毎日ご飯を作り続けることは大変だけど、我が家の食卓においしそうな風景が生まれると、人気のレストランで食べるのとはまったく別の、お楽しみが味わえるように思います。そして、器は日々のご飯の支度を助けてくれる力を持っていると思うのです。

キッチン内の既存の収納スペースは、食器棚として利用。棚幅が自由に変えられるので便利。小さな器はコの字を活用して2段に。

食べ終わると、後片付けをする前に、親子3人でお風呂に入ります。子供たちを寝かしつけてから、再びキッチンへ。洗い物を終えてからは、煮物を一品作っておいたりと、翌日のご飯の準備を。「ちょっと多めに作って、お弁当のおかずにします。トンカツなら、余ったものにケチャップとソース、酒をひと煮立ちさせたソースをからめて、といった具合」と教えてくれました。

今は、専業主婦をとことん楽しむ

こんなふうに毎日必ずご飯を作るようになったのは、子供を産んでからのこと。ご主人とふたり暮らしだった頃には、仕事が忙しくて、料理をするのは週末ぐらいだったのだとか。海外に出かけては、生地を探し、アパレル会社へと橋渡しする……。そんな仕事は大変だったけれど、とてもやりがいがあり楽しかったそうです。

なのに、出産して専業主婦になるのは、抵抗はなかったのですか？　と聞いてみました。

「私は出産が遅かったので、それまでにやりたいことを十分やったと思いました。やりきった感があったんです」

仕事が忙しければその仕事に没頭し、専業主婦ならその暮らしをとことん楽しむ。「今」を味わい、堪能できるのが、福島さんの素晴らしいところ。人はどうしても「仕事が忙しいから◯◯ができない」とか「専業主婦だから、私には◯◯がない」と「ここ」にないものを求めがちです。でも、手に入らないものを求めてため息をつくより、現状を楽しんだほうがずっとハッピー。

初めて会った後、私は福島さんが神戸の街にぐんぐん馴染んでいく様を、目の当たりにしてきました。「このピザ屋さんがすごくおいしいんです」「六甲に素敵なギャラリーがあって」と関西出身の私が、逆にいろいろな情報を教えてもらいました。しかも訪ねてみるとどこも、それぞれの個性があってまた行きたくなるお店ばかり。長崎県出身で、大学から東京暮らし。そんな人が関西に馴染むのはなかなか大変です。でも、福島さんの満喫っぷりといったら！

「東京に転勤って聞いたときには、〝神戸ロス〟になったぐらい」と笑います。これも、福島さんの「今」を楽しむ力そのもの。

「クヨクヨ考えずに、現状を楽しみますね。どんなに大変だって思っても、あたりを見渡せばお楽しみの種はきっといっぱいあるはず。何かモヤモヤすることがあっても、人に相談することはありません。相談しても解決するのは自分自身だと知っているから……。前向きというか、きっと〝格好つけ〟なんです、私」

## 仕事を再開。でも家族とのご飯がいちばん大事

実は福島さん、半年前に仕事を再開したばかり。生地専門店「チェック&ストライプ」神戸店で、今までの経験を活かし、好きなパターンと生地を選んでセミオーダーで洋服を作る、という新たなサービスの立ち上げに加わりました。引っ越し後、今は吉祥寺店で同じサービスの担当として忙しい日々を送っています。

「接客なんて、ほとんどしたことがなかったので、心配だったんですが、意外に楽しめる

福島さんが仕事で遅くなる日は、太央くんがご飯を炊く係。米を計量カップではかり、洗って、水加減をし、炊飯器にセット。

配膳は欧夏ちゃんの担当。今日使う器をお母さんに聞いて、食卓に並べる。

ようになりましたね」とこれまた前向き。

週3回の仕事の日は、帰宅は夜6時過ぎになります。しっかり者の太央くんは、小学校から帰り、ひとりで塾に出かけるそう。さらに、なんとお米を洗って、炊飯器にセットしておいてくれるといいますから、驚くばかりです。

「1回10円のおこづかいを払うことにしたら、張り切ってやってくれるんです」と笑う福島さん。

平日2日はお休みなので、買い物に行ったり、下ごしらえをしたりと、ここで「つじつま」を合わせます。バリバリとやりがいのある仕事をするのもいいけれど、今は、毎日家族で夕ご飯が食べられなくなるほど忙しくはしたくない……。「やっ

HUG

ご主人の帰りが遅いので、夕食はたいてい子供たちと3人で。ダイニングテーブルは、今はもう閉店してしまったが、東京・青山にあった「駿河意匠」でオーダーして作ったもの。

ぱり、家族がいちばん大事かな」と語ります。

「ね〜、グラタンもうちょっと！」と欧夏ちゃん。

「ヒレカツうま〜！」と太央くん。賑やかな福島家の夕食風景は、「今、ここにある」幸せの形を教えてくれました。

# 献立をアウトソーシングする

毎週金曜日の夕方、ネットスーパーから食材が届く。週末に下ごしらえしておけば、平日の夕食準備がスムーズに。

## 手塚千聡さん

大学でポルトガル語を学び、1年間ブラジルに留学。卒業後は航空会社勤務を経て、広告、PR会社に転職。東京で10年近く働いた後、夫の仕事の都合で京都、さらに大阪へ引っ越し。現在は広告会社を退職し、ライフオーガナイザー®として「ララデュアル」を主宰。大学で教えるご主人と、ふたりの子供たちの4人家族。
https://laladual.themedia.jp/

1週間分の献立を提案してくれるインターネットサイトを利用。献立をチェックしてから、ネットスーパーで必要な食材を注文しておく。

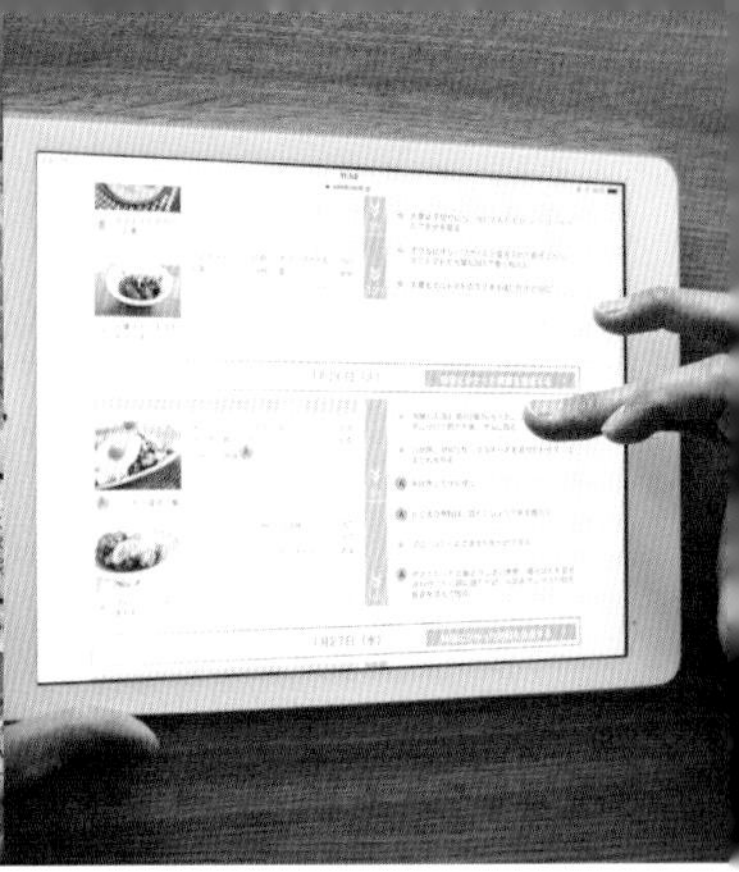

右上・毎週木曜日に、サイトに平日5日分の献立がアップロードされるので、ざっと目を通し、必要な材料をメモしておく。←

左上・ネットスーパーで注文した食材が届く。5日分でこれぐらい。時折、食べたいものを会社帰りに買い足すこともある。←

右下・週末に5日分の下ごしらえをすべてすませる。ブロッコリーを小房に分け、葉もの野菜は洗って。ひじきを煮たり、そぼろを作ったり。←

左下・仕事から帰ると、仕上げに入る。ゼロから作らなくていいので、だいたい15分以内に完成。この日はひじきの混ぜご飯。

初めて手塚さんに会ったとき、「シーズン初めに、その季節に着まわす4～5パターンのコーディネートを考えて、ハンガーにセットしておくんです」と聞いて「へ～っ、すごい！」と感心しました。家計簿のつけ方を取材させていただいたこともありました。新たなルールを決めて、やってみて、続かなければ諦めて、残ったものを習慣として蓄積していく。それが手塚さんの、今日より明日ちょっとよくするための方法のよう。

私は、誰かが何かを成し遂げた話より、トライ&エラーの過程を聞くのが好きです。できないと落ち込んだり、うまくいけば新しい世界が始まったようでワクワクしたり。その狭間で揺れているとき、人は一歩成長するのだなあと感じます。当事者は苦しいかもしれないけれど、モヤモヤしているときは、一歩階段を登っているとき。取材で、いろんな人に話を聞く度に思います。

あるとき手塚さんから、「献立をアウトソーシングしてみることにしたんです」と聞いて、首をかしげました。「アウトソーシング」＝「外部委託」？　なんだそれ？　何やらまた新たな試みが始まったよう。

無理してゼロから作るより、少し余力を残しておけば、イライラせずに料理をして、笑顔で食卓を囲むことができる。

有俊くんは、何でもよく食べてくれるので大助かり。万智ちゃんは小麦アレルギーがあるので、代わりに米粉を使っている。

対面式のキッチンの背後に、システム家具を作り付けて収納力をアップした。壁には、夫婦ふたりで可動式の棚を取り付けた。収納にも、好きなものをちょっと飾るスペースにも使える。

この日は、ご飯を炊いて、作っておいたひじきとそぼろを加えて混ぜご飯に。

「ご飯まだ〜」と有俊くん。対面式キッチンは、コミュニケーションが取りやすい。

## 献立を立てることが、いちばん面倒！

3歳の有俊くん、1歳の万智ちゃんのお母さんでもある手塚さん。15年近く広告代理店で働き、万智ちゃんを産んで7か月の産休をとり、昨年仕事に復帰しました。

「何が大変って、毎日の献立づくり！　月曜日は肉、火曜日は魚……と曜日ごとに決めておけばいい、と聞いて試してみたけれど、続きませんでした。日々のご飯づくりって、膨大なレシピの中から献立を選びとって、買い物をして、食材が悪くならないよう注意して、お腹を減らした子供たちがすぐに食べられるように下準備し、余ったらアレンジして食べき

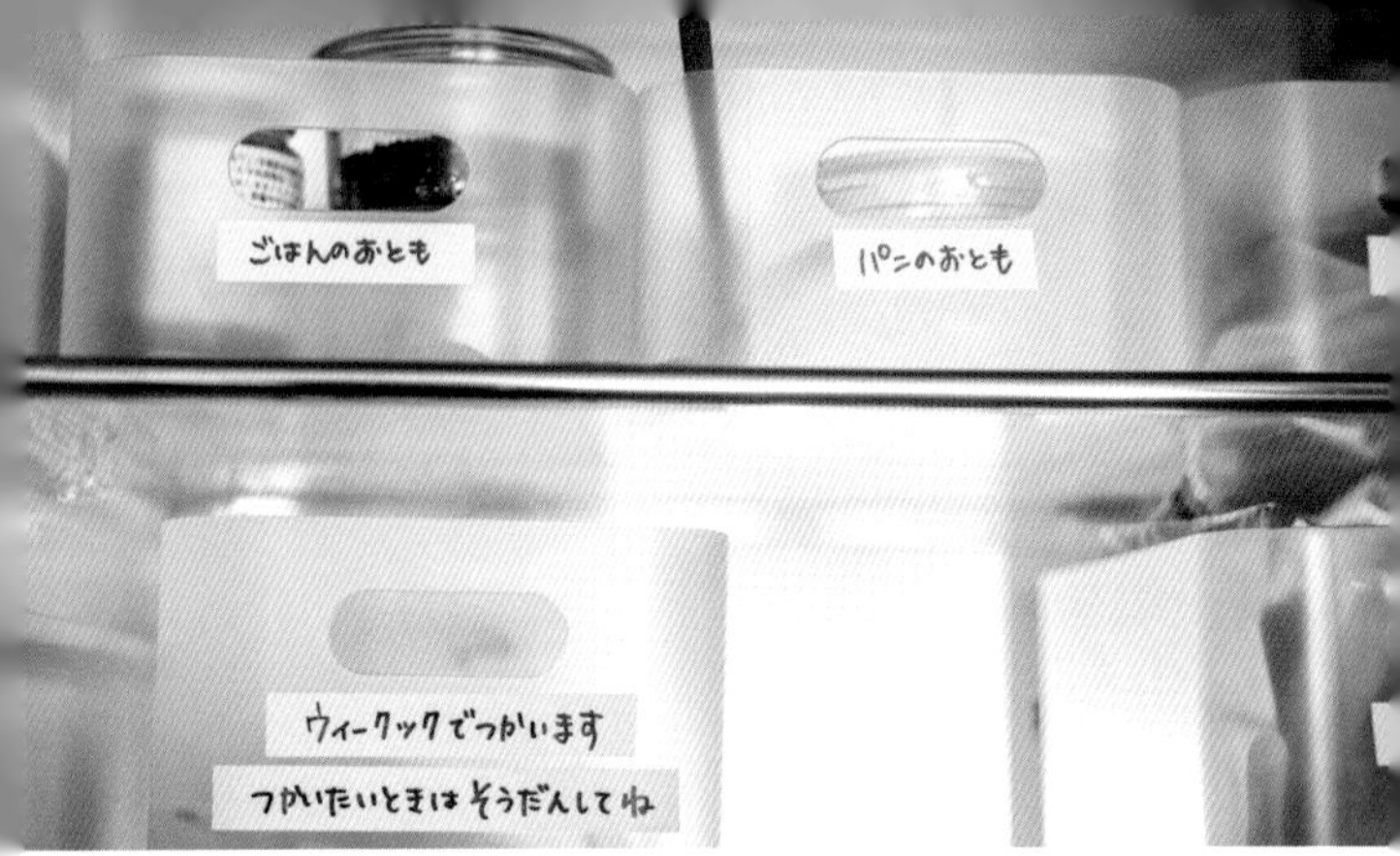


上・冷蔵庫の中はケースで仕切ってラベリング。ご主人が料理を手伝ってくれる際にも、何がどこにあるか、使ってもいい材料かどうかなどが一目瞭然。
下・食器はすべて引き出しに。よく使うものほど手が届きやすい上段に。重い大皿類は、いちばん下の段に収納。

って、というループが休みなく続く……。それをうまくこなすには、気が遠くなりそうなほど高度なテクニックが必要だって思いませんか？『誰か私に献立を作ってちょうだい！』とずっと思っていました。それで、インターネットで『献立』で検索してみたら『ウィークック・ナビ（現在はＥＡＴＰＩＣＫナビ）』というサイトを見つけたんです。とりあえず試してみようと思って」

そのサイトは、こんなしくみです。まず、１週間に１度、平日５日分の献立がアップされます。それをチェックして、必要な食材をネットスーパーでまとめて注文。金曜日の夜に自宅に配達されます。週末には、指示に従って５日分の下ごしらえをすませる。すると、毎日帰宅したのちに10～15分で仕上げられるというわけ。

「この日までに何をやらないといけない、と決まっているので、先生がいて、その言いつけに従っているような感じですね」

## あえてハードルを下げてみる

実はこの少し前から、手塚さんはライフオーガナイザーの勉強を始めていました。部屋の整理収納のノウハウを学ぶ講座ですが、同時に頭や心の整え方も、とても参考になった

上・ガス台下でもファイルボックスが大活躍。フライパンや鍋は1ボックス1つにしてしまうと出し入れがスムーズ。菜箸などもここに。
下・深めの引き出しには、ファイルボックスを組み込んで、お菓子や乾物などを整理。いちばん目につきやすい内側にラベルを貼って。

のだといいます。

「そこで知ったのが『ハードルを下げる』ということでした。無理をせず、達成しやすい目標を決めてやってみるんです。どんな小さな目標も実際に実現しようとすると意外に難しいもの。できないことを頑張るのは苦しい。じゃあ、何を諦めようか、と自分で考えて、できることの中から目標を探してみる。献立をアウトソーシングする、というのも、私にとっての『ハードルの下げ方』のひとつでした」

この説明に、大きくうなずきました。私は「ハードルを下げる」ということが大層苦手です。なんだか負けたような気がするし、自分が怠けているようにも思えるし……。それが少しずつできるようになったのは、たぶん歳をとったせいだと思います。若い頃は「できないこと」を求めて背伸びすれば、自分が成長できるような気がしたけれど、だんだん歳を重ねると、足元の「できること」を拾い上げる方がずっと確かだと知るのです。

## ご飯づくりのムラをなくしたい

昨年新築のマンションを購入したばかり。対面式のキッチンでは、子供たちの姿を見ながら食事の準備を進めることができます。あちこちの引き出しを開けて見せていただくと……。どこもかしこも「無印良品」のファイルボックスで仕切られ、ガス台下ではフライパンや鍋のふたを立てて、キッチン背後にはお菓子を種類別に、とすべてが小分けされ整然としまわれていました。これなら、引き出しを開けただけで、どこに何がしまわれているか、使った後はどこに戻すかが一目瞭然！

今は時短で働いているので、帰宅するのは17時半頃。大学で教えているご主人の洋輔さんが出張や会議がないと子供たちを保育園に迎えにいってくれるので、その間に夕食準備を。毎晩18時すぎには家族4人そろって食卓を囲みます。

「本当は雑誌や料理家さんの本を見ながら、せっせと新たな料理を作ってみる、というのも大好きなんです。でも、やる気がある日はいいけれど、ちょっと仕事が立て込んだり、ほかのことに気を取られていたりすると、とたんに夕飯の支度がグズグズになる……。お惣菜を買って帰ってきたり、主人が出張のときには親子3人で、買って帰ったお弁当なんていう日も。そんな浮き沈みをなくしたかったんです。『ウィークック・ナビ』を利用するようになったら、毎週お題をきちんともらって、それに応えようと料理修行しているような気分ですね。走り出す方向を決めてもらうから、あとは全力でダッシュすればいいだけ」

作るものが決められていると「今日はこれを食べる気分じゃない、っていう日はないのですか？」と聞いてみました。

「子供がいると、自分の気分で作れなくなってくるんですよね。今は、気分に合わないというデメリットよりも、自分だったら、こんなにバラエティに富んだメニューにしない、とか、こんな魚は使わない、と新たな発見がいっぱいあって、メリットの方が多いです。自分で献立を決めると、つい週に1回はカレーやハンバーグと、同じものばかりになってしまうから（笑）。今は、料理の基礎体力をつけている時期だと思っています」と教えてくれました。

## いつの日か、家族の元気を支えるスーパーかあちゃんになりたい

10年前に亡くなったお父様は、レストランバーを営んでいらしたそうです。

「週末は父がご飯を作ってくれました。父の店でアルバイトもしたなあ」

大学入学を機に故郷・松山から大阪へ。当初は風呂、トイレ共同という安いアパートでひとり暮らしをしていたのだとか。ポルトガル語を専攻し、大学3年生のときに留学したブラジルにすっかり夢中に。卒業後は、ブラジルと行き来する航空会社に就職しました。その後、若い頃から雑誌が大好きだったこともあり、広告代理店に転職。東京に引っ越し、

毎日深夜まで働く忙しい日々を送ったそうです。

「私、住めば都でどこでも楽しく暮らしていけるんです」と笑います。

ご主人の仕事の都合で京都へ引っ越し。昨年大阪市内にマンションを購入し、引っ越してきたというわけです。献立を「アウトソーシング」するようになって、約半年。

「本当は、毎日おいしいご飯を作って、家族の元気を支えるスーパーかあちゃんになりたいと思っているんですが、いきなりそこを目指すのは難しい……。だから、まずは『ご飯の型』を作りたかったんです。献立サイトを利用して、買い物、下ごしらえというサイクルを決めることで、少しぐらい崩れてもリカバリーできるポイントがつかめるようになりました。たとえば、週末に遊びに出かけて下ごしらえができなかったとしても、月曜の朝や、平日に小分けにしてやれば、本来のスケジュールに追いつけるんですよね。総崩れにならないのが、いいところかな。ハードルを下げてスタートしたけれど、いずれはご飯づくりマイスターを目指したいと思っています」と元気に語ってくれました。

中身がすべて見通せる、あのキッチンの引き出しのように、手塚さんは自分を俯瞰で見通せる大きな視野と冷静さを持っていました。忙しくてアップアップしているときは、大変な「今」が永遠に続くように思えてきます。でも、ちょっと視線を上にあげてみたら、苦しい時期はほんの一瞬。子育て時期もきっと終わるだろうし、会社で求められることも、将来は変わってくるかもしれません。実は、この取材の後、「ライフオーガナイザー1級」に見事合格。会社員との両立を模索しながらも、「自分の暮らしをちょっとよくしたい」と考える人のお手伝いを始めようと準備中なのだとか。今、料理の筋力アップのトレーニング中の手塚さんが、5年後10年後に、どんなご馳走を作ってくれるのか楽しみです。

# みんなのスポンジ

キッチンの中でいつも目に触れるのがスポンジ。シンプルで、清潔感がキープできるものを選びたいものです。

## 八田智香子さん

白いシンプルなスポンジはなかなかないので、「無印良品」のこれをリピートで愛用中。3層のスポンジは泡立ちも水切れもよい。

## たかはしよしこさん

姪御さんが麻混の毛糸を使って編んでくれたもの。スクエアの形がかわいい。油物以外の食器や鍋を洗うときには、いつもこれ。

## 香菜子さん

「無印良品」のもの。ファンシーな形や色付きでないものをと探して、これに決定！　真っ白でスクエアな形が気に入っている。

## 在本彌生さん

アジアン雑貨のお店でヘチマたわしを丸ごと購入。カットして使っている。少しへたってきたら、鍋磨きやシンク洗いに使って。

## 手塚千聡さん

「クロワッサンの店」売上人気1位というあみたわしを使っている。二重メッシュなので泡立ちやすく、乾きが早いので清潔に保てる。

## 中里真理子さん

「マーナ」の「おさかなスポンジ」は先端がとがっていてスリムなので使やすい。シルバーの方はフランスの「ペリゴ」のもの。

## 中西なちおさん

食器を洗うときには、スポンジを使わず、すべてこの晒《さらし》を使用。一反で買っておき、手に収まりやすい大きさにカットして使う。

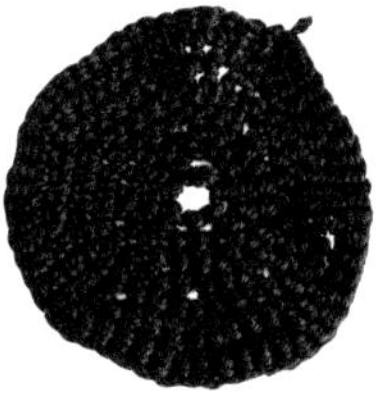

## 福島寿子さん

自分で編んだアクリルたわし。洗剤はあまり使いたくないので、油汚れがひどくない限りこれで。キッチンになじむように紺色をチョイス。

# 家で ご飯を食べる ということ

取材からの帰り道。渋谷から吉祥寺行きの井の頭線に乗ったあたりから、そろそろ「今晩は何を作ろうかなあ」と考え始めます。この前「上沼恵美子のおしゃべりクッキング」で見た、あの豆腐のあんかけを作ってみようかな。取材先でご馳走になった、きんかん入りのサラダ、おいしかったよな。そうそう、半身浴をしながら読んだ、長尾智子さんの肉団子の煮込みにしようかな。おいしそうな記憶のかけらをかき集めながら、あれこれ考えます。電車を降りる頃には、2~3品のおかずを決めていて、そこからスーパーへ。お目当ての豚バラ肉が売り切れていたり、マッシュルームの特売品を見つけたりして、急遽変更！　ということもあるけれど、さっさと買い物をして、自転車をすっ飛ばして家に帰ります。

自転車をこぎながら、夕暮れの空を眺めて「ああ、きれい！」と思える日は余裕のある日。料理本を見ながら新たなおかずを作ってみるのも楽しみです。すっかり暮れてしまい、夜空の下、ペダルを踏む日は、「わ~、遅くなった！　早くしないと」とあせるし、疲れているからイライラするし。「もう！　なんで私ばっかり！」とプリプリしながらキッチンに立ちます。それでも玉ねぎを刻んだり、ほうれん草をゆでたり。手を動かしているうちに、だんだん心が落ち着いてきて、プシュッとビールをあけて、「わ~、これおいしくできたねえ」とおかずをつついていると、ああ、やっぱり家でご飯を作ってよかったなあ

食事のときは横並びで、大皿料理を取り分けて食べるというスタイル。取り皿は、あれこれおかずを取れるよう、ちょっと大きめの七寸サイズ。これは、陶芸家・柏木千繪さん作。

と思うのです。

30代より40代。40代より50代。歳を重ねるにつれ、「家でご飯を食べる」ということが、大事になってきたなあと感じています。家で、どんなご飯を食べているか……。それは、とてもパーソナルなことで、誰かに見せるわけでも、大きな声で語ることでもありません。なのに、毎日毎日休みなく作り続ける。仕事なら、頑張れば評価されたり、お金になって返ってきたりと、やった分だけリターンがあります。世の中の、ほとんどのものごとは、リターンがあるから動いています。でも、家でご飯を作る、ということは、あまりに当たり前で、どんなに一生懸命作ったところでご褒美がもらえるわけではありません。「なんのために」などと考えないで、ただ作ってただ食べる……。若い頃は、そこになんの魅力も感じず、外のキラキラした世界にいる時間をできるだけ長く味わいたくて、家での淡々としたご飯なんてなるべく短くしたかったなあ。

でも、歳を重ねるにつれ、「外のキラキラした世界」は、雨の中に浮かぶ虹のように、角度をちょっと変えると見えなくなってしまうことを知ります。今まで関わってきた雑誌が急に廃刊になったり、仲良くしていた人がなんとなくそっけなくなったり、数年前までみんなが大好きと言っていたものが、今年になると見向きもされなくなったり。家から一歩外に出ると、世の中は絶えずごうごうと流れる大河のように変化しています。そんなは

「イケア」のワゴンに「無印良品」のアイアンかごを組み込んで、すぐ必要なものを収納。ジッパー付き袋は、箱から出して、大中小の3サイズを、それぞれ瓶に立てておくと使いやすい。

かないものの中に、幸せを求めると、あっという間に消え去ってしまう……。そう気づいたのは、ごく最近のことでした。

仕事がうまくいかなくて、がっかりして家に帰る……。そんな日も、吉祥寺に着くとスーパーで買い物をして、夕暮れの中、自転車をかっ飛ばして帰ります。そしてご飯を作って食べる。すると、おかずが並んだいつもの食卓が「確かだなあ」と思うのです。家でご飯を作って、「おいしいねえ」と食べる。そこを、人生後半の私の暮らしのまんなかにしたいなあと思っています。

## 食べたいものと体の関係

昼食が遅くなり、夕方になってもちっともお腹がすかないと、何を作ったらいいか思いつかなくなります。そんなときは、シンプルな料理に限ります。魚の塩焼きと肉じゃがときゅうりの酢の物、といった具合に。出張から帰ると、馬の飼い葉桶みたいな、生野菜いっぱいのサラダを食べたくなります。外食が続くと、炊きたてご飯に塩鮭に納豆にお味噌汁、という朝食のような夕食を作ることもあります。「今日、何を作ろうかな？」と考えることは、自分の体調に耳を傾けることなのだなあと、ここ数年思うようになりました。

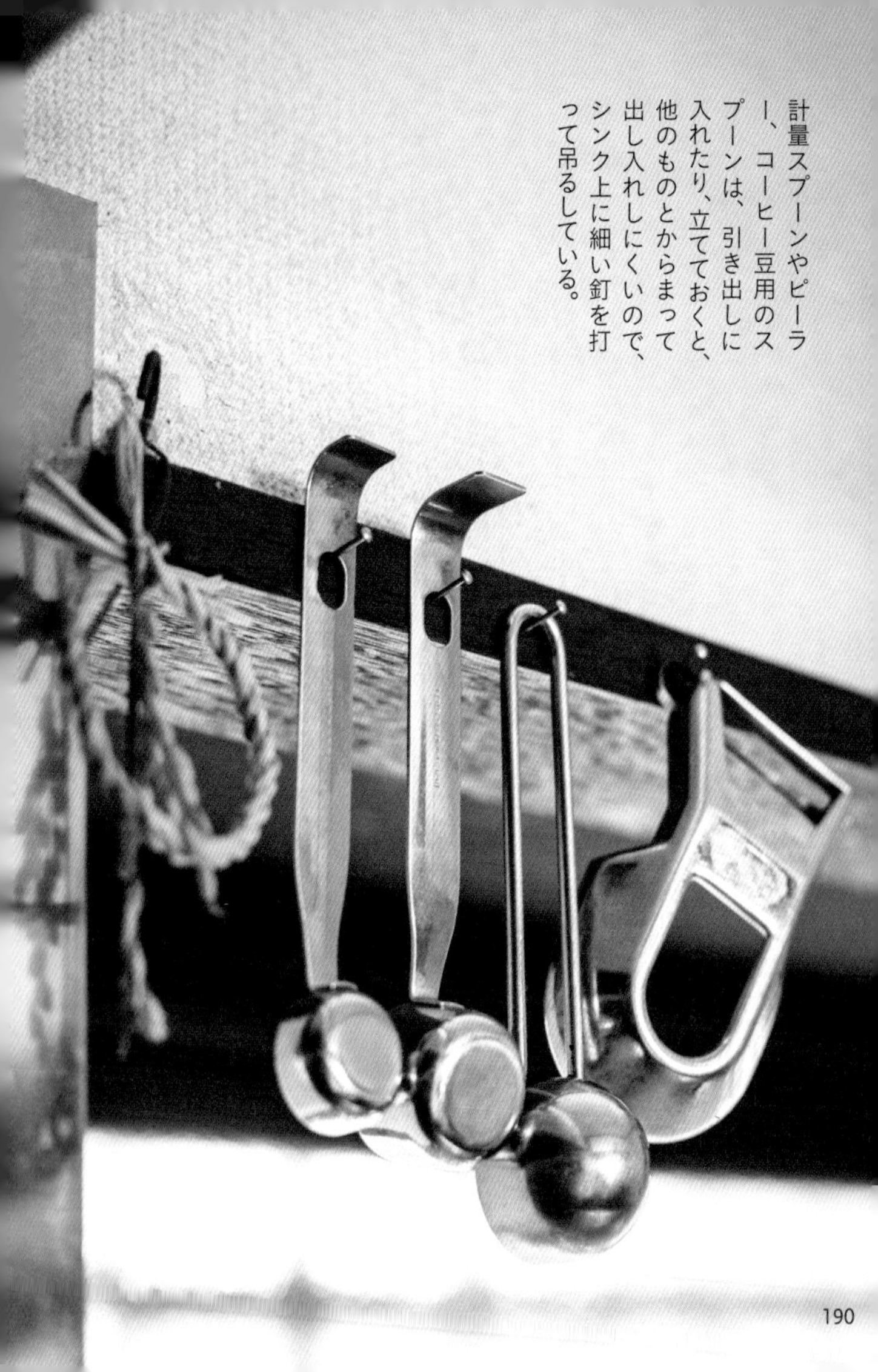

計量スプーンやピーラー、コーヒー豆用のスプーンは、引き出しに入れたり、立てておくと、他のものとからまって出し入れしにくいので、シンク上に細い釘を打って吊るしている。

献立がパッとひらめかないときは、す〜っと息を深く吸い込んで、「今の私は、何を食べたいのかな？」と自分の体の内側に問いかけるようにしています。シャキシャキした歯ごたえのサラダが食べたいとき。じんわり体に染み入る汁物が食べたいとき。ガツンと豆板醤や花山椒が効いた炒め物が食べたいとき……。「ああ、おいしい」としみじみ思うのは、そんな自分たちの体調とぴったり合ったおかずなのだと思うのです。一緒に暮らしているからなのか、そんな感覚は、不思議と連れ合いとも一致します。どんなご馳走でも、そのときの調子に合っていなければ、「あれ？　この前は、あんなにおいしかったのに……」とがっかりしたりします。家で作って食べるよさは、そんなところにあるのかもしれません。

## 料理ってクリエイティブなのです

「今日、何を作ろうか？」

毎日のご飯づくりでいちばん大変なのは、献立を決めることだと思います。『暮らしのおへそ』でたかはしよしこさんの取材に伺ったとき、1冊のノートを見せてもらいました。表紙には大きく「殿堂入り」と書いてありました。新作を作って、ご主人が「これがおい

右・我が家のご飯の主役は煮物。大根は生米ひとつかみを入れて下茹でし、きちんととった出汁で煮るとおいしく仕上がる。
左・アスパラに豚バラを巻いて網の上で焼いただけ。10分で完成する簡単おかず。

これ以外はいらないというぐらい愛用の道具たち。有次の片口鍋は煮物がいちばんおいしくできると思う。フライパンは鉄なのに軽い。揚げ物鍋はネットに入れて揚げ、そのまま上げて取っ手にかけておけるのが便利。ストウブのオーバル鍋は直径17cm。ブロッコリーなどを蒸し煮にしてそのまま食卓へ運べるちょうどいい大きさ。

しい！」と言ってくれたときだけ、そのレシピが「殿堂入り」するのだといいます。なるほど～！　と思いました。たまに、料理本などを見ながら作ってみて、一口食べると、「うっほ～！」と声をあげたくなるぐらいおいしいときがあります。案外そんなことは稀で、10回作ってみて1度ぐらい。でも、ごくごくたまに「うっほ～！」と叫ぶと、またすぐに作りたくなります。おいしいものを見つけると、「もう飽きた」というまで、毎日でも作りたくなるのです。

仕事柄、取材先のお宅でご飯をご馳走になることがあります。つい先日、料理家のワタナベマキさん宅で、取材の後に出てきたのは、ストウブのオーバル鍋でした。開けるとフワ～っと湯気が立ち上り、どうやら炊き込みご飯のよう。一口いただいて「うっほ～！」と、スタッフ全員で声をあげました。鯛とオリーブの実の炊き込みご飯！　玉ねぎを炒めてから、米を加え、鯛の切り身とオリーブの実をのせて炊き上げただけなのだとか。オリーブの実って、こんないい仕事をするんだ、と驚きました。

「よし、作ろう」とやる気モードになるのは、こうしたおいしい体験をするのがいちばん近道。誰かの家にお呼ばれしたときなどは絶好のチャンスです。レストランや和食屋さんに行っても、「むむっ、これ一味違う！」と思うと「これ、何が入っているんですか？」とか「どうやって作るのですか？」と聞いてみます。へ～、なるほど！　という隠し味や

よく使う調味料類や計量カップなどは、サッと使えるよう出窓に並べている。トレイの上にのせておくと、トレイごと取って下を拭くことができるので、掃除が億劫にならない。

調理法を知ると、さっそく帰ってやってみます。我が家の十八番《おはこ》になっている、高野豆腐の煮物は、倉敷の「おばんざい野の」さんで「一度油で揚げてから炊くと別物になるんですよ」と聞いてやってみたもの。あの、パサパサした感じがなくなって、しっとり、もっちり。あまりの変化に驚きました。今では、うちに誰かを招くときには、必ず作るおかずです。

高野豆腐を揚げることだったり、炊き込みご飯にオリーブの実を加えることだったり。そんなコツを知っているかいないかで、私のような拙い料理の腕でも、我が家のご飯のクオリティがグググンと変わります。しかも、それはシェフのような特別な技は必要なくて、誰でもすぐにできる簡単テク。ここが料理って面白いなあと思うところです。その方法が、ほんのささいなことであればあるほど、びっくりするほどのおいしさが生まれることが、奇跡のようでワクワクします。

考えてみれば、材料を集め、切ったり、混ぜたり、煮たり、揚げたりして、完成させて食べる。こんなふうにゼロから何かを作り上げることなんて、ほかにはないんじゃないかなあ。どんなに簡単なレシピでも、料理はものすごくクリエイティブだと思うのです。そう考えれば、毎日毎日繰り返す地味なご飯づくりでも、ちょっと胸を張ってキッチンに立てる気がします。

右上・理科実験用の古い琺瑯のカップを生ゴミ入れに。

左上・「ラバーゼ」の水切りかごを3段使いしているのは、スポンジとたわしを風通しよく宙吊りにして乾かしたいから。

右下・つい最近までスライサーを使うのが、なんだかさぼっているようで後ろめたかった。買ってみたら驚くほど便利。キャロットラペが簡単にできる。

左下・料理家の野口真紀さんに「これなら中身がこぼれない」と教えてもらったスクリュー式の密閉容器。出汁を取り、小分けにして冷凍しておく。

## 懐の深いキッチンがいい

どんなキッチンが使いやすいかを、私は数々の失敗の中から学んできました。初めてひとり暮らしをしたワンルームマンションのキッチンは、ガスコンロがひとつ。その下にミニキッチンが組み込まれている、事務所仕様のような狭さでした。百円ショップで赤いふたの密閉容器を何個も買って、乾物や調味料を入れてずらりと並べ、その姿がかわいくて大満足でした。ところが……。数年たったら、すべての容器は黄ばんで、ふたはひん曲がり、なんとも無残な姿に。プラスチック用品って、時間がたつと汚くなるんだ、と学びました。

2軒目に住んだのは6畳二間の古い平屋でした。キッチンはわずか2畳ほど。あまりに狭くて、ものがしまいきれなかったので、壁に金属製の網を取り付け、ざるやボウル、鍋などをひっかけたり、ラックを取り付けて調味料をのせたり。必要なものは、すべて壁にある……というコンパクトさは、手を伸ばせばなんでも取れて便利でした。半年ほどたって、ふと見ると、あまり使わない、高い位置に吊るしておいたものに、びっしりホコリがたまっていて、ぞっとしました。慌てて洗ってみたけれどきれいになりません。キッチンの油とホコリが一緒になった汚れはなかなか落ちないと知りました。

こうして、今の家に引っ越してきたとき、いちばんに考えたのは、「きれい」をキープしやすいキッチン。仕事が忙しくなると、なんとかご飯は作るけれど、連れ合いに洗い物を任せて、さっさとパソコンに向かう……という日々になります。するとガス台まわりなどは次第に油汚れでベトベトに。毎日食後にちゃんと掃除するのが理想ですが、できないときも多いのが現状です。そこで、理想を高く掲げるより、「できない」ことをちゃんと受け入れることにしました。つまり、1週間ぐらい忙しい日々が続いて油でベトベトになっても、「復活」できるキッチンにしようと思ったという訳です。出しておく容器類は、洗ったり、熱いお湯でぎゅっと絞ったふきんで拭けば、さっぱりきれいになるガラスやステンレスだけに。トレイにひとまとめにしておけば、トレイごと持ち上げて掃除できます。

今年の初めに、「イケア」でキッチンワゴンを買いました。この家に住んで10年目。ずっと小さなワゴンを置いていたけれど、「作業台が狭いなあ」「もっと棚板があったら、必要なものを、すぐ手が届くところに置けるのになあ」と思っていたのです。「無印良品」のかごを棚板1枚に4個ずつ、計8個を並べるとぴったり収まって、それぞれに、密閉容器やジッパー付き袋、お弁当セット、朝食セット、根菜類などを、分類収納できました。かごごと外せば、棚板がさっと拭けるので、ものぐさの私にはぴったりのスタイルです。

毎日使う場所だからこそ、自分の力以上の理想を描いたり、頑張って何かをするようでは、長続きしません。ものの配置も、しまい方も、掃除のシステムも、「いちばんダメダメな私」が続けられる方法に。身の丈であることが何より大事だなあと思います。

「突撃！　隣の晩ごはん」というテレビ番組が私は大好きでした。ヨネスケさんが、大きなシャモジを持って、夕飯時にいろんなお宅の台所を巡るというアレです。奥さんとその日のおかずについて話している後ろに、ちらりと映るキッチンは、たいていの場合ごちゃごちゃで、調味料が乱立していたり、ピンクや水色のプラスチックのボウルが散乱していたり。お味噌汁を作っているのは、花柄の鍋だったり。その生活感満載のキッチンを眺めると、なぜかほっとしたのです。今まで、たくさん素晴らしいキッチンを取材して、紹介してきたけれど、誌面から現実へと目を移してみると、キッチンの役割は、やっぱり家族の食事を支え、命を支えること。だから、そこさえ外さなければ、かっこよくなくても、片付いていなくても、何をしたっていい……と思うようになりました。いいことがあった日も、ちょっと困ったことが起こった日も、希望で輝いている日も、失敗でどん底にいる日も、野菜を刻む音が響き、煮物の匂いがふんわり流れてくる……。そんなキッチンがあれば、きっと大丈夫。そんなに頑張らなくても、そこそこおいしいものができたらそれでいい。私も、そんなおおらかで懐の深い「ラクする台所」を、作っていければいいなと思います。

本書は、『ラクする台所　毎日毎日ご飯を作る、8人の台所にまつわる物語』（2016年6月／小社刊）を文庫化したものです。

本書に掲載されている情報は、取材当時（2016年）のものです。

本書に掲載されている商品は、すべて私物であり、どこで購入したかを記載しているものでも、現在は手に入らない場合があります。

## 一田 憲子（いちだ のりこ）

1964年生まれ。編集者・ライター。OLを経て編集プロダクションへ転職後、フリーライターとして女性誌、単行本の執筆などで活躍。企画から編集を手がける暮らしの情報誌『暮らしのおへそ』『大人になったら着たい服』（ともに主婦と生活社）は、独自の切り口と温かみのあるインタビューで多くのファンを獲得。全国を飛び回り、著名人から一般人まで、これまでに数多くの女性の取材を行っている。著書に『「私らしく」働くこと』『明日を変えるならスポンジから』（ともに小社刊）などがある。

STAFF
デザイン　若山嘉代子 L' espace
写真　清水奈緒
校正　滄流社

マイナビ文庫

毎日毎日ご飯を作る、8人の台所にまつわる物語
**ラクする台所**

2021年10月31日　初版第1刷発行

著　者　　一田憲子
発行者　　滝口直樹
発行所　　株式会社マイナビ出版
〒101-0003 東京都千代田区一ツ橋2-6-3 一ツ橋ビル2F
TEL 0480-38-6872（注文専用ダイヤル）
TEL 03-3556-2731（販売）／TEL 03-3556-2735（編集）
E-mail pc-books@mynavi.jp
URL https://book.mynavi.jp

カバーデザイン　米谷テツヤ（PASS）
DTP　西田雅典（マイナビ出版）
印刷・製本　図書印刷株式会社


ISBN978-4-8399-7770-2
Printed in Japan

MYNAVI BUNKO

# 住まいと暮らしのサイズダウン

柳澤智子 著

ものや家の広さ、従来の価値観や思い込みを手放す、暮らしのサイズダウン。サイズダウンをしてみたら、「維持費が安くなる」「家の選択肢が広がる」「家事の負担が少なくなる」……。そんな魅力がありました。サイズダウンの方法は十人十色。本書では、10の家族の“ものとの付き合い方”と、小さく暮らすサイズダウンのリアルを紹介します。住み替えを考えている方や、すぐには引っ越しをしないけれど、暮らしをサイズダウンしていきたい方に贈る、新しい暮らしの教科書です。

1,078円(本体980円+税10%)

MYNAVI BUNKO

# 小さな工夫で毎日が気持ちいい、ためない暮らし

梶ヶ谷陽子 著

家事も仕事も毎日のことなので、なるべくためずにその日のうちにすませるのが理想。そうはいっても「やらなければいけない」と思い過ぎると、常に家事や育児に追われてしんどいことも……。
本書では、人気整理収納アドバイザーが実践している、毎日の暮らしを快適に過ごすためのヒントを紹介。効率よく家事をやるための仕組みづくり、大人も子どもも片づけやすい収納方法、ストレスをためないための心がけなど、日々の忙しさに追われないための工夫が詰まった一冊です。

1,078円(本体980円+税10%)

M Y N A V I **B U N K O**

散らかっても10分で片づくアイデア

# 北欧テイストのシンプルすっきり暮らし

Misa 著

シンプルな住まいがインスタグラムで大人気の整理収納アドバイザー・Misaさんによる暮らしのアイデア集。

家族4人で3LDKのマンションで暮らしているMisaさん。

決して広いとは言えない間取りと、少ししかない収納スペース。子育て中ですぐに散らかってしまう部屋。

限られた空間での暮らしを、少しでもラクして快適で心地よいものにするためのアイデアをまとめました。

文庫書き下ろしの特別コラムも収録。

1,045円（本体950円＋税10%）

M Y N A V I **B U N K O**

# 色を楽しむ大人のおしゃれ

堀川波 著

つい「無難だから」という理由で、ベーシックな色の服ばかり着ていませんか？　ブラックやグレーなどの定番色でも、色の合わせ方次第でもっと素敵に着こなせるはず。また、ピンクやイエローなど、ちょっと勇気のいるきれいな色も、選び方と組み合わせで、自分らしく着こなせます。本書では、イラストレーターの堀川波さんがベーシック色、きれいな色を着こなすヒントを紹介。それぞれの色の着こなし方、アクセントカラーの取り入れ方をかわいいイラストで楽しく解説します。

1,023円（本体930円＋税10%）